赵小川　史津竹　著

自动驾驶
类脑目标检测技术

ZIDONG JIASHILEINAO
MUBIAO JIANCE JISHU

化学工业出版社

·北京·

内容简介

在自动驾驶领域，目标检测的抗干扰能力不足，已成为制约其发展的瓶颈问题。这个问题不解决，自动驾驶的安全性就不能得到彻底的保障。因此，本书主要研究受脑启发的高抗扰性目标检测技术，并在自动驾驶车辆上应用。

本书的主要内容包括面向自动驾驶目标检测技术概述、类脑目标检测技术国内外研究状况分析、面向自动驾驶的目标检测模型训练与测试数据集的构建、仿视觉皮层的目标检测网络构建、基于视觉注意原理的目标检测网络能力提升、基于神经元稀疏特性的模型压缩与剪枝技术、在面向自动驾驶的目标检测数据集上的验证、类脑目标检测算法在自动驾驶沙盘上的实现、基于自动驾驶物流车的类脑目标检测演示验证、基于自动驾驶车辆的高抗扰性目标检测演示验证。

本书的主要创新点是从生物体关键的高效感知机理出发，仿视觉感知皮层设计了一种高抗扰性、高精度的轻量化目标检测模型。同时，引入视觉注意机制，降低模型输入中的干扰信息和冗余信息，聚焦主体目标。

本书的主要读者为自动驾驶工程师、深度学习算法工程师、类脑计算的科研工作者，以及人工智能专业、计算机科学与技术专业的研究生、博士生。

图书在版编目(CIP)数据

自动驾驶类脑目标检测技术/赵小川，史津竹著. —北京：化学工业出版社，2024.4

ISBN 978-7-122-45215-3

Ⅰ.①自… Ⅱ.①赵…②史… Ⅲ.①汽车驾驶-自动驾驶系统-目标检测 Ⅳ.①U463.61

中国国家版本馆 CIP 数据核字（2024）第 053036 号

责任编辑：周　红	文字编辑：温潇潇
责任校对：李雨函	装帧设计：王晓宇

出版发行：化学工业出版社
（北京市东城区青年湖南街 13 号　邮政编码 100011）
印　　刷：北京云浩印刷有限责任公司
装　　订：三河市振勇印装有限公司

787mm×1092mm　1/16　印张 11½　字数 257 千字
2024 年 6 月北京第 1 版第 1 次印刷

购书咨询：010-64518888　　　　　　　售后服务：010-64518899
网　　址：http://www.cip.com.cn

凡购买本书，如有缺损质量问题，本社销售中心负责调换。

定　　价：99.00 元　　　　　　　　　　　**版权所有　违者必究**

前言 PREFACE

自动驾驶的大规模应用是智慧城市的重要体现,是未来城市发展的重要方向。目标检测是自动驾驶车辆中非常重要的一个环节,它能够识别出车辆周围的障碍物、行人、道路标志等物体,为车辆的决策提供依据。目标检测的准确性、抗扰性、实时性对于自动驾驶汽车的安全性能至关重要。目前,自动驾驶车辆的目标检测技术虽然取得了显著的进步,但仍然存在一些关键的挑战需要解决。

通过借鉴人类大脑皮层对图像信息的处理方式形成的目标检测模型可模拟人类鲁棒性的视觉识别,解决现有目标检测算法受环境影响的问题。针对生物体视觉感知皮层的研究发现,是人类视觉皮层具有的多层级、双路通信、注意机制等各类感知机制帮助人类实现高效的目标检测能力。本书研究的面向自动驾驶的类脑目标检测技术便是基于上述机理,形成的类脑感知算法极大提升了目标检测算法的鲁棒性和精度,突破复杂环境下的目标检测难题。

本书核心内容及创造性研究成果为:从生物体关键的高效感知机理出发,仿视觉感知皮层设计了一种高抗扰性、高精度的轻量化目标检测模型;同时,引入视觉注意机制,降低模型输入中的干扰信息和冗余信息,聚焦主体目标。

本书可以作为人工智能、计算机科学与技术等专业的研究生、博士生的教材,也可以作为自动驾驶工程师、深度学习算法工程师、类脑计算的科研工作者的参考资料。

感谢北京市科技计划"高抗扰性目标检测技术及其应用"的支持,感谢"兵器基础性创新团队"、武警工程大学"高层次科技人才引进计划"、"陕西省高校青年创新团队"的支持。

感谢吴明曦研究员的指导和支持,感谢北京钢铁侠技术有限公司董事长张锐对本书的支持。

感谢刘华鹏高工、樊迪高工、王子彻工程师、陈路豪工程师在本书撰写过程中所做的贡献。

著者:赵小川

目录

第 1 章 面向自动驾驶目标检测技术概述 ········ 001
1.1 自动驾驶蓬勃发展 ········ 002
1.1.1 什么是自动驾驶 ········ 002
1.1.2 自动驾驶等级 ········ 002
1.1.3 自动驾驶发展状况概述 ········ 003
1.1.4 典型的自动驾驶车辆 ········ 004
1.2 自动驾驶车辆的环境感知 ········ 008
1.2.1 自动驾驶车辆常用的传感器 ········ 008
扩展阅读：自动驾驶车辆挑战赛与激光雷达 ········ 011
1.2.2 自动驾驶车辆传感器的布局 ········ 014
1.3 面向自动驾驶的目标检测技术 ········ 016
1.3.1 什么是目标检测技术 ········ 016
1.3.2 目标检测技术的研究概述 ········ 018
1.3.3 传统的基于特征的目标检测方法 ········ 018
1.3.4 基于深度学习的视觉目标检测研究状况 ········ 019
1.3.5 目标检测技术在自动驾驶中的应用 ········ 024
1.3.6 面向自动驾驶的目标检测技术存在的问题 ········ 025
扩展阅读：趣谈 AI 对抗攻击 ········ 027

第 2 章 类脑目标检测技术国内外研究状况分析 ········ 030
2.1 轻量化仿视觉皮层目标检测模型研究现状 ········ 031
2.2 基于视觉注意机制的目标检测研究现状 ········ 033
2.3 基于神经元稀疏性的模型压缩研究现状 ········ 037

第 3 章 面向自动驾驶的目标检测模型训练与测试数据集的构建 ········ 040
3.1 构建面向自动驾驶的目标检测模型训练与测试数据集的必要性 ········ 041
3.2 面向城市道路的自动驾驶视觉目标检测数据集的构建 ········ 042
3.3 噪声干扰测试数据集构建 ········ 047
3.4 面向城市道路的自动驾驶视觉目标检测数据集特点 ········ 053

第 4 章　仿视觉皮层的目标检测网络构建 …………………………………………… 054
　4.1　视觉皮层信息处理功能简介 ……………………………………………………… 055
　4.2　受初级视觉皮层启发的预处理模型构建 ………………………………………… 055
　4.3　性能对比结果分析 ………………………………………………………………… 058
　　　4.3.1　性能对比基准模型介绍 …………………………………………………… 058
　　　4.3.2　基于 COCO 数据集的性能评估 …………………………………………… 058
　问题点睛 …………………………………………………………………………………… 060

第 5 章　基于视觉注意原理的目标检测网络能力提升 …………………………… 062
　5.1　人类视觉注意机制概述 …………………………………………………………… 063
　5.2　坐标注意力模块构建 ……………………………………………………………… 064
　5.3　基于注意机制的仿视觉皮层目标检测模型具体实现 …………………………… 066
　5.4　性能对比结果分析 ………………………………………………………………… 069
　　　5.4.1　性能对比基准模型介绍 …………………………………………………… 069
　　　5.4.2　在 COCO 数据集下目标检测性能评估 …………………………………… 070
　　　5.4.3　在面向自动驾驶目标检测数据集下的目标检测性能评估 ……………… 071
　　　5.4.4　面向自动驾驶目标检测噪声干扰测试数据集下的目标检测性能评估 … 072
　问题点睛 …………………………………………………………………………………… 075

第 6 章　基于神经元稀疏特性的模型压缩与剪枝技术 …………………………… 076
　6.1　压缩剪枝的总体思路 ……………………………………………………………… 077
　6.2　具体实现过程 ……………………………………………………………………… 078
　　　6.2.1　对类脑目标检测模型 v1、v2 的压缩与剪枝 …………………………… 078
　　　6.2.2　对类脑目标检测模型 v3、v4 的压缩与剪枝 …………………………… 079
　6.3　压缩剪枝后的网络模型 …………………………………………………………… 080
　6.4　压缩剪枝后的模型性能结果分析 ………………………………………………… 084
　　　6.4.1　在 COCO 数据集下类脑目标检测模型压缩剪枝性能测试 ……………… 084
　　　6.4.2　在面向城市道路的自动驾驶目标检测数据集下的性能测试 …………… 085

第 7 章　在面向自动驾驶的目标检测数据集上的验证 …………………………… 087
　7.1　在未添加干扰数据集上的验证 …………………………………………………… 088
　7.2　在添加干扰数据集上的验证 ……………………………………………………… 100
　7.3　目标检测演示系统的构建 ………………………………………………………… 132

第 8 章　类脑目标检测算法在自动驾驶沙盘上的实现 …………………………… 137

8.1 面向自动驾驶沙盘的构建 …………………………………………………………… 138
8.2 面向自动驾驶沙盘演示的自动驾驶数据集的构建及训练 ……………………… 140
8.3 在自动驾驶沙盘上的演示验证 …………………………………………………… 143

第9章 基于自动驾驶物流车的类脑目标检测演示验证 …………………………… 150
9.1 自动驾驶物流车验证的必要性 …………………………………………………… 151
9.2 自动驾驶物流车平台 ……………………………………………………………… 151
  9.2.1 硬件平台 ……………………………………………………………………… 151
  9.2.2 驱动与负载 …………………………………………………………………… 152
  9.2.3 核心硬件 ……………………………………………………………………… 152
  9.2.4 自动驾驶物流车的功能 ……………………………………………………… 154
9.3 类脑目标检测算法在自动驾驶物流车上的演示验证 …………………………… 154

第10章 基于自动驾驶车辆的高抗扰性目标检测演示验证 ………………………… 162
10.1 自动驾驶车辆传感器布局 ……………………………………………………… 163
10.2 自动驾驶车辆软件架构 ………………………………………………………… 164
10.3 基于自动驾驶车辆演示验证 …………………………………………………… 165
10.4 主要创新性工作 ………………………………………………………………… 172

参考文献 …………………………………………………………………………………… 173

第1章

面向自动驾驶目标检测技术概述

1.1 自动驾驶蓬勃发展

1.1.1 什么是自动驾驶

自动驾驶是指利用先进的传感器、计算机视觉和人工智能等技术，使车辆能够在没有人类驾驶的情况下自主行驶。自动驾驶技术的目标是提高交通安全性、减少交通事故的发生，并减少交通拥堵和环境污染等问题。

自动驾驶的大规模应用是智慧城市的重要体现，是未来城市发展的重要方向。从政策层面看，2019年，国务院印发《交通强国建设纲要》，提出要大力发展智慧交通，推动大数据、互联网、人工智能、区块链、超级计算等新技术与交通行业深度融合，同时要求加强自动驾驶技术研发，形成自主可控完整的产业链。2020年2月，国家发改委会同11个国家部委联合发布了《智能汽车创新发展战略》，该战略指明了2025年实现有条件智能汽车规模化生产，2035年中国标准智能汽车体系全面建成的愿景，全面打造中国模式的自动驾驶生态系统和发展模式。从城市发展和民生需求来看，车辆出行是城市交通中服务民生的最基础且最重要的内容，如何实现自动驾驶出行，是智慧城市建设中迫切需要研究和解决的课题，其将从根本上改变我们未来的出行方式，实现巨大的社会效益和经济效益。

1.1.2 自动驾驶等级

国际汽车工程师协会（SAE International）于2014年发布了自动驾驶的六级分类体系，如今已经被大多数主流自动驾驶研究者承认和使用。美国国家公路交通安全管理局（NHTSA）原本有自己的一套分类体系（五级分类体系），但在2016年9月转为使用SAE的分类标准，见表1-1。

表1-1 国际汽车工程师协会自动驾驶等级

SEA级别	名称	描述性定义	转向与加减速	驾驶环境监控	复杂动态驾驶	系统支持的路况与驾驶模式
人类驾驶员监控驾驶环境							
0	非自动化	所有驾驶任务都由人类驾驶员进行控制	人类驾驶员	人类驾驶员	人类驾驶员	无
1	辅助驾驶	在特定驾驶模式下由辅助驾驶系统根据环境信息控制转向或加减速中的一种，并期望人类驾驶员完成所有其它动态驾驶任务	人类驾驶员和系统	人类驾驶员	人类驾驶员	部分路况和驾驶模式
2	部分自动化	在特定驾驶模式下由辅助驾驶系统根据环境信息控制转向和加减速，并期望人类驾驶员完成所有其它动态驾驶任务	系统	人类驾驶员	人类驾驶员	部分路况和驾驶模式

续表

SEA级别	名称	描述性定义	转向与加减速	驾驶环境监控	复杂动态驾驶	系统支持的路况与驾驶模式
自动驾驶系统监控驾驶环境							
3	有条件自动驾驶	在特定驾驶模式下由自动驾驶系统完成所有的动态驾驶任务,但期望人类驾驶员能够正确响应请求并接管操控	系统	系统	人类驾驶员	部分路况和驾驶模式
4	高度自动化	在特定驾驶模式下由自动驾驶系统完成所有的动态驾驶任务	系统	系统	系统	部分路况和驾驶模式
5	全自动化	自动驾驶系统能够在全时段、全路况和任何环境条件下完成所有动态驾驶任务	系统	系统	系统	全部路况和驾驶模式

在SAE的分类标准中,目前日常使用的大多数汽车处在第0级和第1级之间,碰撞告警属于第0级的技术,自动防碰撞、定速巡航属于第1级的辅助驾驶,自动泊车功能介于第1级和第2级之间,特斯拉公司正在销售的Autopilot辅助驾驶技术属于第2级技术。

从传统车企的研究进展来看,诸如奔驰、宝马和奥迪等车企大多从高级辅助驾驶ADAS切入,通过不断叠加高级辅助驾驶系统,进而实现向自动驾驶的转变。目前奥迪的表现最为突出,奥迪A8已能实现L3级自动驾驶,成为了全球首款量产L3级别汽车。奥迪A8采用了1个激光雷达搭配多个毫米波雷达,辅以大量摄像头的方式,能够在60km/h以下的速度实现自动驾驶。

随着传感器技术、通信技术、定位技术、人工智能技术的发展,采集到的行车数据越来越多,自动驾驶系统能处理越来越多的情况,能够实现的自动驾驶等级会越来越高。目前,L1/L2级的辅助驾驶系统已经广泛出现在各种轿车、卡车甚至公交车上;L3级自动驾驶汽车也开始商业化。

1.1.3 自动驾驶发展状况概述

目前,全球范围内有许多汽车制造商和科技公司都在进行自动驾驶技术的研究和应用。其中,特斯拉公司是最早推出具备自动驾驶功能车型的公司之一。特斯拉公司的Autopilot系统可以实现高速公路上的巡航和停车场的泊车等功能。此外,谷歌公司也是自动驾驶技术的领军者之一,其自动驾驶汽车项目已经进行了多年的研究和测试。在中国,许多汽车制造商和科技公司也在积极研发自动驾驶技术。例如,百度推出了Apollo自动驾驶平台,该平台可以为汽车制造商提供自动驾驶技术和解决方案。此外,中国的新能源汽车制造商比亚迪也在研发自动驾驶技术,并计划在未来几年内推出具备自动驾驶功能的车型。

未来,自动驾驶技术有望实现广泛应用。首先,随着传感器、计算机视觉和人工智能等技术的不断进步,自动驾驶技术的性能将不断提高。未来,自动驾驶技术有望实现在各种复杂场景下的自主行驶,如城市道路上的驾驶和复杂交通环境下的驾驶等。其次,自动驾驶技术的应用范围将不断扩大。除了高速公路上的巡航和停车场的泊车外,自动驾驶技术还有望应用于公共交通、物流和出租车等领域。最后,自动驾驶技术有望实现与智能交通系统的深度融合,通过与其他车辆和交通设施的互联互通,实现更加高效和安全的交通系统。

1.1.4 典型的自动驾驶车辆

自 2009 年自动驾驶项目开始,谷歌公司在开发自动驾驶软件和硬件上进行了大量投入。2018 年 1 月,Waymo 从美国亚利桑那州交通部门获得了向商业交通服务的许可。Waymo 自动驾驶汽车如图 1-1 所示。

图 1-1　Waymo 自动驾驶汽车

谷歌公司倾向于完全由计算机控制车辆,而特斯拉公司选择先实现部分辅助驾驶功能。自 2014 年开始,特斯拉公司在其 Model S 等车型中加载了自动驾驶系统 Autopilot,帮助车主在封闭道路(例如高速公路)上实现辅助自动驾驶功能。至 2016 年,特斯拉公司通过 Autopilot 系统收集了全球各种道路、不同天气条件下行驶的超过 13 亿英里❶的数据,并于 2016 年 10 月发布了高级辅助驾驶系统 Autopilot2.0,并宣布"所有在产的特斯拉汽车都将全部配备能够实现完全自动驾驶的硬件",包括 8 个车身周围的视觉传感器,12 个最新的超声波传感器,1 个增强版前向毫米波雷达,以及车载计算设备。

相较于 Waymo 和特斯拉公司,通用公司进入自动驾驶领域的时间相对较晚。2016年,在意识到电动汽车和自动驾驶技术将成为汽车产业发展趋势后,通用公司以 5 亿美元投资 Lyft,建立自动驾驶汽车综合网络,为用户提供专车服务。之后,通用汽车又

---

❶　1 英里=1.6km。

宣布成立一个自动驾驶汽车和电动汽车团队，希望加快研发速度并增加产品数量。同年3月，通用公司以10亿美元收购了旧金山自动驾驶初创公司——Cruise Automation，从而在这个新兴产业立足。2017年10月，通用公司宣布收购美国加利福尼亚州的传感器公司Strobe，以加速自动驾驶汽车技术的研发，并降低传感器成本。Strobe自主制造的激光雷达传感器，是自动驾驶汽车识别周围环境的关键传感器之一。业内人士表示，正是传感器成本的不断下降外加精度的上升使得自动驾驶汽车生产规模化具有可行性。2017年12月，通用公司宣布了自动驾驶汽车计划，以应对来自其他研发自动驾驶汽车的企业。通用Cruise自动驾驶测试车如图1-2所示。

图1-2　通用Cruise自动驾驶测试车

奔驰公司于2016年7月在荷兰阿姆斯特丹最长的一条快速公交专用道上测试了自动驾驶巴士Future Bus（图1-3），该车配备了CityPilot自动驾驶系统，在长达20km的车道上能够自行完成操控，精准地识别车站及信号灯，同时当遇到行人、障碍物及通过隧道时，都可以及时做出刹车响应。

图1-3　奔驰Future Bus

福特公司于 2018 年 2 月宣布其自行研制的自动驾驶汽车商业计划正在迈阿密街道上进行测试。福特自动驾驶测试车如图 1-4 所示。

图 1-4　福特自动驾驶测试车

图 1-5　奥迪 A8

奥迪公司于 2017 年 7 月在其全球品牌峰会上，正式对外发布了第五代奥迪 A8（图 1-5），是全球首款搭载 L3 高度自动驾驶系统的量产车型。据介绍，全新奥迪 A8 拥有"拥堵路段自动驾驶""泊车自动驾驶"和"车库自动驾驶"等高度自动驾驶功能。

沃尔沃在其研发的 VOLVO S90 上，采用了高度自动驾驶技术 Pilot Assist，能够平顺地自动干预转向系统，使车辆在高速公路上以 130km/h 及以下的速度沿清晰可辨的车道标识行驶及转向。

博世早在 2013 年就已经开启了自动驾驶道路测试，已经改造了两款特斯拉公司旗下的 Model S 纯电动汽车。博世自动驾驶测试车辆如图 1-6 所示。

图 1-6　博世自动驾驶测试车辆

法国 EasyMile、Navya 等公司在小型短途自动驾驶公交车上有所成果。Navya 开发的 Arma［图 1-7(a)］，可以搭载 15 人，已经在法国的一些封锁区域运行；EasyMile 开发的 EZ10 自动驾驶车辆［图 1-7(b)］，满载 12 人，已在法国、芬兰、瑞士等国家和地区投入运营。

(a) Navya Arma　　　　　　　　　(b) EasyMile EZ10

图 1-7　法国小型短途自动驾驶车辆

在中国，自 20 世纪 90 年代起，国内各高校和研究机构就已经陆续开展自动驾驶的研发工作，推出多个测试车型。

自 2009 年以来，国家自然科学基金委员会举办"中国智能车未来挑战赛"，吸引多个高校和研究机构参与，为自动驾驶技术的交流和发展起到了良好的促进作用，在此期间，一汽、北汽等传统车企也逐步布局。

2015 年，国务院发布《中国制造 2025》，以自动驾驶技术为重点的智能网联汽车成为未来汽车发展的重要战略方向；国内自动驾驶集中爆发，多个车企公布自动驾驶的战略规划，百度、长安、宇通等多家企业在自动驾驶上有所成果。

百度公司在 2013 年开始自动驾驶车辆项目，至今已经在中国北京、杭州，美国加利福尼亚州等多地进行了测试。2017 年 4 月 19 日，百度发布了一项名为"Apollo（阿波罗）"的新计划，向汽车行业及自动驾驶领域的合作伙伴提供一个开放、完整、安全的软件平台，帮助他们结合车辆和硬件系统，快速搭建一套属于自己的完整的自动驾驶系统，建立一个以合作为中心的生态体系，发挥百度在人工智能领域的技术优势，促进自动驾驶技术的发展和普及。百度自动驾驶车辆如图 1-8 所示。

图 1-8　百度自动驾驶车辆

2017 年 6 月，华为自动驾驶汽车成功试行。华为从 2014 年开始在自动驾驶、车联网等领域与保时捷、长安、大众汽车等车企展开了合作。2018 年 1 月，华为宣布与比亚迪展开合作，联合发布了"云轨"自动驾驶系统。

2015 年 8 月 29 日，宇通自动驾驶客车［图 1-9(a)］在河南郑开大道开放道路测试。2016 年 4 月 12 日，长安汽车旗下的自动驾驶汽车［图 1-9(b)］从重庆正式出发，在历时近 6 天，途经四川、陕西、河南、河北等多个省市及地区后，于 2016 年 4 月 17 日抵达北京，顺利完成了 2000 公里的超级自动驾驶测试项目。

(a) 宇通自动驾驶客车　　　　　　　(b) 长安自动驾驶汽车

图 1-9　国内车企自动驾驶车辆

1.2　自动驾驶车辆的环境感知

自动驾驶车辆的环境感知是指通过使用各种传感器来获取周围环境的信息，以便车辆能够做出正确的决策和行驶。环境感知是自动驾驶核心技术之一，它直接影响到车辆的安全性和可靠性。

1.2.1　自动驾驶车辆常用的传感器

在自动驾驶车辆中，定位、雷达、视觉等传感器协作融合，能够以图像、点云等形式输入收集到的环境数据，并通过算法的提取、处理和融合，进一步形成完整的汽车周边驾驶态势图，为驾驶行为决策提供依据。

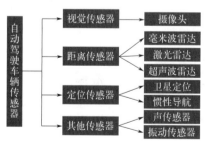

图 1-10　自动驾驶车辆配备的传感器

自动驾驶车辆所需的传感器主要包括视觉传感器（摄像头）、距离传感器（毫米波雷达、激光雷达、超声波雷达）、定位传感器（卫星定位、惯性导航）等，其他如声音、振动等相关传感器也有着特定的用途，如图 1-10 所示。

不同传感器各有优劣，如表 1-2 所示。无论是以计算机视觉为主的方案还是激光雷达方案都不具备独当一面的能力。自动驾驶汽车要安全运作，必须保证多传感器协同工作和信息冗余，优势互补，共同组成自动驾驶感知解决方案。

表 1-2　各传感器主要特性与优缺点

项目	视觉传感器	毫米波雷达	激光雷达	超声波雷达	惯性导航系统	卫星定位系统
探测距离	50m	250m	>100m	<3m	—	—

续表

项目	视觉传感器	毫米波雷达	激光雷达	超声波雷达	惯性导航系统	卫星定位系统
精度	一般	较高	极高	高	短期精度高	一般/较高（差分信号）
适应性	一般	高	较高	高	高	一般
优势	成本低、硬件技术成熟、可识别物体属性	全天候全天时工作、探测距离远、性能稳定、分辨率较高、测速精确	测量精度极高、分辨率高、抗干扰能力强、测距范围大、响应速度快	成本低，近距离探测精度高，且不受光线条件的影响	全天候全天时工作、受外界干扰小、短期精度和稳定性好、数据更新率高	定位精度高
劣势	依赖光线、易受恶劣天气影响、难以精确测距	在部分场景下易受信号干扰、无法识别物体属性、探测角度小	受恶劣天气影响、成本高昂、制造工艺复杂	只适用于近距探测，只在低速环境下发挥作用、易受信号干扰	成本较高、不能长时间工作、需要初始对准时间	需保持接收有效的卫星信号

（1）视觉传感器

视觉传感器是最常见的传感器之一，它可以捕捉到丰富的图像或视频信息，如道路标志、交通信号灯和行人等。通过对图像进行处理和分析，车辆可以识别出周围的物体和场景。

视觉传感器可以采集周围环境的颜色、光照等信息，利用计算机视觉相关算法检测周边环境与物体、判断前车距离。通过摄像头可以实现车道偏离预警、碰撞预警、交通标志识别、车道保持辅助、全景泊车、驾驶员疲劳预警等功能。用于自动驾驶车辆上的常见摄像头有单目摄像头、双目摄像头、夜视摄像头、广角摄像头等，如图1-11所示。

(a) 单目摄像头

(b) 双目摄像头

(c) 夜视摄像头

(d) 广角摄像头

图1-11 自动驾驶车辆常用的视觉传感器

（2）激光雷达

激光雷达最早的定义是 LiDAR（light detention and ranging），即基于光的探测和测距；其实更准确的定义是 LADAR（laser detection and ranging lidar），即基于激光的探测和测距。后者是在 2004 年提出的定义，更符合激光雷达的概念。激光雷达实际上是一种工作在光学波段（特殊波段）的雷达，它是以激光作为载波，以光电探测器为接收器件。

激光雷达在单位采样时间内获得的位置点信息叫作点云。距离激光雷达的远近不同，点云的疏密程度也不相同，这是由于数据保真度随着距离而下降，较高分辨率可用于较近的物体。与使用二维图像相比，点云能够更容易地被计算机使用，用于构建物理环境的三维形象——二维图像是人脑最容易理解的数据，而对于计算机来说，点云是最容易理解的。

自动驾驶车辆所使用的激光雷达并不是静止不动的。在自动驾驶车辆行驶的过程中，激光雷达同时以一定的角速度匀速转动，在这个过程中不断地发出激光并收集反射点的信息，以便得到全方位的环境信息。激光雷达在收集反射点距离的过程中也会同时记录下该点发生的时间和水平角度，并且每个激光发射器都有编号和固定的垂直角度，根据这些数据我们就可以计算出所有反射点的坐标。激光雷达每旋转一周收集到的所有反射点坐标的集合就形成了点云。

自动驾驶车辆应用激光雷达进行环境感知的优势介绍如下。

① 分辨率高　激光雷达工作于光学波段，频率比微波高 2~3 个数量级，因此，与微波雷达相比，激光雷达具有极高的距离分辨率、角分辨率和速度分辨率。

② 方向性好　激光波长短，可发射发散角非常小的激光束，多路径效应小（不会形成定向发射，与微波或者毫米波产生多路径效应）。

③ 获取的信息量丰富　可直接获取目标的距离、角度、反射强度、速度等信息，生成目标多维度图像。

④ 可全天时工作　激光主动探测，不依赖外界光照条件或目标本身的辐射特性。它只需发射自己的激光束，通过探测发射激光束的回波信号来获取目标信息。

自动驾驶车辆应用激光雷达进行环境感知的局限性主要表现在：

① 成本高　对于自动驾驶车辆激光雷达来说，高昂的设备成本是最大的问题。

② 安全性　激光雷达发出去的激光本身是没有编码的，接收器自己本身是没办法识别到底这束光线是它隔壁发射器发射出去的还是干扰信号。如果有人恶意模拟车辆、行人的信号，反馈给激光雷达，造成周围存在障碍物的假象，最终会导致汽车被强制减速或者刹车。这也是自动驾驶车辆一个潜在的隐患，需要尽快解决。

③ 恶劣环境适应性　恶劣的环境可以对激光雷达读数造成影响。大雾和大雨会减弱发射的激光脉冲而对激光雷达造成影响。而在实际生活中，我们期望，自动驾驶车辆是要在雨天、雾天、雾霾天、雪天等恶劣天气下应用的。特别是存在烟尘的环境下激光雷达如何工作，也是需要解决的问题。研究表明：雨和雾都是由小水滴构成的，雨滴的半径和其在空中的分布密度直接决定了激光在传播的过程中与之相撞的概率。相撞概率越高，激光的传播速度受影响越大。

如果激光雷达遇上吸光障碍物，将无法有效接收到目标反射回来的回波信号，测量不出目标的位置信息。如果是镜面反射障碍物，就会形成多路径效应。如果遇上透光的玻璃，就有可能探测到玻璃后面的目标。这是由光的物理属性决定的。

在自动驾驶车辆上，应用最多的是激光三维成像雷达。一个激光三维成像雷达，实际上需要得到两个核心信息：目标距离信息以及目标角度信息。如果我们把它的三维坐标准确定下来，需要得到它的距离、方位角、俯仰角信息。然后根据距离、方位角度、俯仰角度三个信息，将目标的三维坐标点计算出来。通过对编码器进行测量来获取角度信息的技术很成熟。我们更关心的是，激光雷达的距离信息是怎么获取的。激光三维成像雷达可以通过直接测距、直接测角的技术得到目标的三维点云数据，并且获得的数据本身就是三维数据，不需要通过大量运算和处理即可生成目标三维图像，而且激光测距有非常高的精度。所以，激光三维成像雷达是目前获取大范围三维场景图像效率最高的传感器，也是目前获取三维场景精度最高的传感器。

激光雷达在自动驾驶车辆中的应用主要包括如下方面。

① 障碍物的检测　对于障碍物检测和分类来讲，在自动驾驶领域，主要应用视觉传感器和激光雷达，这两者并没有冲突。激光雷达不依赖光照，它的视角是360°，可以实时扫描。

② 车道线检测和路沿检测　路面上车道线一般是白色和黄色两种，所以提前把反射强度的方式做出来，这样激光雷达就很容易将车道线提取出来，不会因为白天和晚上受到干扰。而路沿检测可以根据路沿的几何形状来做一些训练。

③ 生成高精度地图　顾名思义，高精度地图相较当下日常使用的电子地图，其精度更高，但却不仅仅体现在显示的图像更为清晰，而是能够提供更加精准的坐标位置。一般来说，传统的电子地图主要用于人们日常出行，其精准度处在米级的水平，即便存在十余米的误差，也并不会给用户带来多大的影响。而高精度地图，精度则缩小在1m范围内，甚至对于车道线、路肩等位置，其精度可以达到厘米级。由于高精度地图能够提供更为具体的道路信息，除了描绘周围道路的形状、人行横道、道路信息指示牌、限速标志等交通参照物，还能对每条车道的坡度、曲率、倾斜程度，以及汽车与车道线间的距离等信息进行描述，这使得自动驾驶汽车不仅能够准确地找到自己的位置，也能在行驶轨迹的规划和跟踪上进行更多细节的优化。

扩展阅读：自动驾驶车辆挑战赛与激光雷达

激光雷达广泛应用于自动驾驶车辆中还要从DARPA Grand Challenge的自动驾驶汽车挑战赛开始说起。

2004年，美国国防高级研究计划局DARPA举办了名为DARPA Grand Challenge的自动驾驶汽车挑战赛。冠军的奖金为100万美元，目标是让汽车在没有人为控制的情况下自动行驶240km。第一届就有超过100组队伍参加了比赛，但遗憾的是成绩最好的Carnegie Mellon大学队伍所改装的汽车，仅行驶不到12km，便因转弯卡在岩石上而无法继续前行。2005年，DARPA举办了第二届Grand Challenge挑战赛，并将冠军奖金提升到200万美元，但依旧没有人能够完成任务。

DARPA自动驾驶汽车挑战赛的一大难题就是复杂的路况，而想要赢得比赛就需要实时对环境进行准确的感知，而最初各个队伍就拿出了非常多的环境感知方案，双目甚至多目视觉、多个激光雷达等，但都存在成本高、实时性不高、精度较差的问题。

这时候一个名为 David Hall 的工程师有了一个好想法，车身周围安装这么多传感器为什么不能用一个代替，于是他使用一个旋转球，实现激光雷达旋转测距，不仅能够360°地得到周围的实时距离信息，同时还能够大大节约成本，而这也造就了我们现在自动驾驶汽车上使用的多线激光雷达。

于是，在 2006 年，David Hall 正式推出了可以旋转 360° 的 64 线激光雷达。到了2007 年的 DARPA 自动驾驶汽车挑战赛上，David Hall 就不亲自参加比赛了，而是以雷达产品供应商的角色参与到比赛中来，帮助多支队伍参加比赛。

自动驾驶汽车所需的传感器中，视觉传感器与激光雷达有很强的互补性。激光雷达获取的深度数据精度高，不容易受外界环境光照情况影响；摄像头采集的图像分辨率高，更擅长辨别色彩。两种传感器信息融合可以获得"1＋1＞2"的效果，如图 1-12 所示。

图 1-12　摄像头＋激光雷达数据融合效果

禾赛科技联合百度 Apollo 发布了一款"激光雷达＋摄像头"一体化传感器 Pandora（图 1-13），上部是禾赛科技自主研发的 40 线激光雷达，下部是 4 个 360°全景视觉传感器（输出灰度图像）和 1 个前视摄像头（输出彩色图像）。

（3）毫米波雷达

毫米波实质上就是电磁波。毫米波的频段比较特殊，其频率高于无线电，低于可见光和红外线，频率大致范围是 10～200GHz。毫米波雷达的波长为 1～10mm，工作频率一般为30～300GHz，波束较窄，具有较强的抗干扰能力。雷达波具有较强的穿透力，能够透过空间中的烟雾、泥土、雨水进行传播，环境的适应能力强。

图 1-13　"激光雷达＋摄像头"一体化传感器 Pandora

实际上，在 20 世纪 60 年代的美国，毫米波雷达便开始在车载领域应用，但是当时的工艺水平较低，应用的是单天线，前端只能一收一发，其频率只有 10GHz。

之后，为了缩小其体积，业内专家不断将频率往上提，达到 30GHz、50GHz。雷达频率越高，天线尺寸越小，意味着同样尺寸的雷达，其天线波束的集中度更高。

到了 20 世纪 90 年代，就发展出了 60GHz、77GHz 和 94GHz 的毫米波雷达。60GHz 频段后来主要用来通信，94GHz 主要是军用频段，而工业上则选择了 77GHz 作为主流的毫米波雷达的频段。

时至今日，全球主要有四大毫米波雷达供应商，简称为 ABCD，即 Autoliv、Bosch、Continental 和 Delphi，其主要产品如表 1-3 所示。

表 1-3 主要厂商主要毫米波雷达产品

厂商	长距		中距		短距	
	型号	性能	型号	性能	型号	性能
Bosch（博世）	远距 LRR4	76～77GHz，向前 250m	中距 MRR	76～77GHz，向前 160m，向后 80m	—	—
Continental（大陆）	长距 ARS410	76～77GHz，向前 170m	—	—	SRR320	24～25GHz
	长距 ARS430	76～77GHz，向前 250m	—	—	—	—
HELLA	—	—	—	—	短距雷达 SRR	24GHz，向前 0.75～70m
Delphi（德尔福）	—	—	中距 ESR2.5	76～77GHz，向前 174m	—	—
Denso（电装）	长距离雷达 LRR	76～77GHz，向前距离 205m，视角 36°	—	—	—	—
Autoliv	—	—	—	—	短距雷达 SRR	24GHz

自动驾驶车辆毫米波雷达可以用于测量目标的距离、速度和角度。

将毫米波雷达应用于自动驾驶车辆的优势主要体现在以下几个方面。

① 探测性能稳定。不受被测物体表面形状、颜色等的影响，对大气紊流、气涡等适应性强。

② 探测距离较长。车载毫米波雷达一般的探测距离为 150～200m，有些毫米波雷达探测距离能达到 300m 的范围。能够满足高速行驶环境下对较大距离范围内的环境监测需要。

③ 环境适应性强。毫米波有很强的穿透能力，其测距精度受雨、雪、雾、阳光等天气因素和杂声、污染等环境因素的影响较小，可以保证车辆在任何天气下的正常运行。全天候适应性决定了其未来成为主力传感器的核心地位。

（4）超声波传感器

超声波传感器是利用超声波进行障碍探测与距离测量的传感器。超声波是一种在弹性介质中的机械振荡，对色彩、光照、电磁场不敏感，因此超声波测距系统对于黑暗、有灰尘或者烟幕、有毒等恶劣环境有很强的适应能力。超声波测距系统迅速、方便、计算简单、易于做到实时控制，并且在测量精度方面能达到实用的要求。

自动泊车功能离不开超声波传感器。宝马 i 系列和 7 系列已经支持使用车钥匙遥控汽车自动泊车，在操作过程中用户只需要发出前进或后退两个指示，车辆就会持续使用超声波传感器检测车位和障碍物，自动操作方向盘和制动器，实现自动泊车。大众第三代超声波半自动泊车系统通常使用 6~12 个超声波传感器，车后部的 4 个短距超声波传感器负责探测倒车时与障碍物之间的距离，一侧的长距超声波传感器负责探测停车位空间。

（5）组合式定位传感器

为了实现自动驾驶车辆自动导航功能，定位传感器必不可少，定位传感器主要包括全球导航卫星系统（GNSS）定位和惯性导航定位。

GNSS（global navigation satellite system）是用卫星进行定位的系统的统称，能够在地球表面或近地空间的任何地点为用户提供全天候的三维坐标和速度以及时间信息。IMU（inertial measurement unit，惯性测量单元）是测量物体的角速度和加速度的装置，进而可以推算物体的姿态、速度和位移。IMU 通常包含三个单轴的加速度计和三个单轴的陀螺仪，以便测量物体在空间中的全部加速和转向行为。全球卫星导航系统可以提供经纬度坐标，以便于自动驾驶车辆路径导航。

然而，GNSS 在复杂的动态环境中，特别是在大城市，其多径反射的问题尤为严重，会导致定位精度大幅度降低。另外，由于 GNSS 的定位频率较低，在车辆快速行驶时无法给出精确的实时定位。IMU 存在累积偏差，单靠 IMU 无法实现长距离导航。

GNSS 与 IMU 都有各自的优点与缺点，单独靠一种传感器无法满足所有的自动驾驶定位导航需求，通过结合 GNSS 定位精度高和误差无累积、IMU 不受外部环境干扰与实时性的优点，实现优势互补，可以获取更加精确的定位信息；同时提高了空间和时间的覆盖范围，实现真正意义上的连续导航。

卫星定位精度高和误差无累积；惯性导航不受外部环境干扰且实时性高，通过优势互补，可以实现高精度定位；高精度地图可以预先提供精确的超出车载传感器测量范围的道路状况信息与行驶环境信息，可以降低自动驾驶车辆对环境信息的处理速度要求；通过"高精度定位＋高精度地图"，可以帮助自动驾驶汽车提前知晓位置信息，精确规划行驶路线，还能辅助自动驾驶汽车进行环境认知。在弥补激光雷达等相对定位技术不足的基础上，大范围削减行业成本，共同推动自动驾驶技术发展。

1.2.2 自动驾驶车辆传感器的布局

（1） 0~2 级自动驾驶车辆传感器布设

0 级自动驾驶又称为"非自动驾驶"，由人类驾驶员时刻完全地控制汽车的所有底层结构，包括加减速、转向等。如图 1-14 所示，0 级自动驾驶车辆可能会在前后方布置毫米波雷达、视觉传感器、超声波传感器等传感器，主要用于防碰撞提示，帮助驾驶员观察环境。

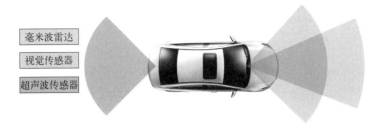

图 1-14　0 级自动驾驶车辆传感器典型布设方式

1 级自动驾驶又称为"辅助驾驶"，在特定驾驶模式下由辅助驾驶系统根据环境信息控制转向或加减速中的一种，而其它驾驶任务由人类驾驶员完成。如图 1-15 所示，1 级自动驾驶车辆会在前后方布置毫米波雷达、视觉传感器、超声波传感器等传感器，在内部布置摄像头，以获取大范围内行驶路径上的障碍物信息，实现车道保持、紧急自动刹车、驾驶员疲劳探测等功能。

图 1-15　1 级自动驾驶车辆传感器典型布设方式

2 级自动驾驶又称为"部分自动化"，在特定驾驶模式下由自动驾驶系统根据环境信息同时控制转向和加减速，而其它驾驶任务由人类驾驶员完成。如图 1-16 所示，2 级自动驾驶车辆会在前后方和四周布置毫米波雷达、视觉传感器、超声波传感器等，在内部布置视觉传感器，以获取大范围内行驶路径上以及车辆周围的障碍物信息，实现自适应巡航、自动泊车、自动换道等功能。

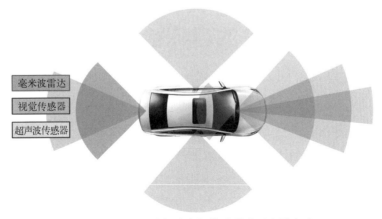

图 1-16　2 级自动驾驶车辆传感器典型布设方式

（2） 3~5级自动驾驶车辆传感器布设

3~5级自动驾驶车辆的主要区别在于对环境的处理能力，其传感器布设大致相同，其中：

- 3级自动驾驶又称为"有条件自动驾驶"，在特定驾驶模式下由自动驾驶系统完成所有驾驶任务，但要求驾驶员在必要情况下能接管控制；
- 4级自动驾驶又称为"高度自动化"，在特定驾驶模式下由自动驾驶系统完成所有驾驶任务，对驾驶员没有要求；
- 5级自动驾驶又称为"全自动化"，在全时段、全路况条件下都能由自动驾驶系统完成所有驾驶任务。

为了保证行驶的安全性，高自动化等级的自动驾驶车辆传感器的布置，需要考虑到覆盖范围和冗余性，最大限度保证车辆行驶路径上的障碍物不会被漏检或者虚警。

如图1-17所示，高等级自动驾驶车辆会在前后方和四周布置激光雷达、毫米波雷达、视觉传感器、超声波传感器等，在内部布置视觉传感器，以获取大范围内行驶路径上以及车辆周围的障碍物信息，根据软件处理能力，实现有条件或全自动的驾驶功能。

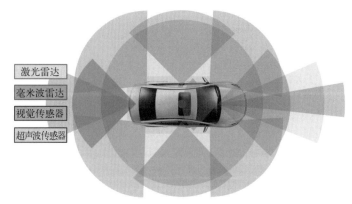

图1-17 3~5级自动驾驶车辆传感器典型布设方式

1.3 面向自动驾驶的目标检测技术

1.3.1 什么是目标检测技术

目标检测技术是一种计算机视觉技术，它可以自动地识别出图像或视频中的物体，并给出它们的位置和类别信息，如图1-18所示。

衡量目标检测性能优劣的指标主要有两方面：一方面要体现其分类特性（如准确率、精确率、召回率）；另一方面要体现其定位特征。

准确率是用分类正确的样本数除以所有的样本数，这个概念很好理解。下面我们着

图 1-18　目标检测示意图

重介绍精确率和召回率。

假设现在有这样一个测试集，测试集中的图片只由汽车和自行车两种图像组成，假设分类系统最终的目的是：取出测试集中所有汽车的图像，而不是自行车的图像。测试集中汽车的图像为正样本、自行车的图像为负样本。我们进行如下定义：

- tp（true positives）：正样本被正确识别为正样本，即汽车的图像被正确地识别成了汽车的图像。
- tn（true negatives）：负样本被正确识别为负样本，即自行车的图像被正确地识别成了自行车的图像。
- fp（false positives）：负样本被错误识别为正样本，即自行车的图像被错误地识别成了汽车的图像。
- fn（false negatives）：正样本被错误识别为负样本，即汽车的图像被错误地识别成了自行车的图像。

精确率（precision）就是在识别出来的图片中，tp 所占的比率，即被识别出来的汽车中，真正的汽车的图像所占的比例。

$$精确率 = \frac{tp}{tp+fp}$$

召回率（recall）是测试集中所有正样本中，被正确识别为正样本的比例。也就是本假设中，被正确识别出来的汽车的图像个数与测试集中所有汽车的图像个数的比值。

$$召回率 = \frac{tp}{tp+fn}$$

对于定位特性，我们常用交并比（IoU）来评判。交并比是计算两个边界框交集和并集之比，它衡量了两个边界框重叠程度。一般约定，在计算机检测任务中，如果 IoU≥0.5，就说检测正确。IoU 越高，边界框越精确。如果预测器和实际边界框完美重叠，IoU 就是 1，因为交集就等于并集。

1.3.2 目标检测技术的研究概述

目标检测可分为传统目标检测和基于深度学习的目标检测两种方法。2012 年之前，目标检测主要利用 Harr 特征、LBP（local binary pattern）特征、HOG（histogram of oriented gradient）特征等传统的手工特征和 VJ（Viola Jones）、DPM（deformable part-based model）等方法。传统目标检测算法准确率不高，效率较低，且受到所设计的手工特征质量的影响。2012 年 Krizhevsky 等提出了深度卷积神经网络 AlexNet 并获得了 2012 年 ILSVRC（ImageNet Large Scale Visual Recognition Challenge）比赛的图像分类冠军，自此利用深度学习方法解决计算机视觉相关问题成为了主流。基于深度学习的目标检测算法可分为两阶段目标检测和单阶段目标检测两个研究分支。两阶段目标检测算法由候选区域提取（一阶段）和目标分类、边框回归（二阶段）组成；单阶段目标检测算法没有候选区域提取阶段，因此检测速度快，但检测精度没有两阶段目标检测算法高。

1.3.3 传统的基于特征的目标检测方法

早期由于缺乏有效的图像表达方法，大多数传统视觉目标检测算法基于人工构建的手工特征。1998 年 Papageorgiou 等提出了 Harr 特征，如图 1-19(a) 所示。Harr 特征值的计算方法为将白色矩形的像素和与黑色矩形的像素和相减，计算得到的特征值反映了灰度图像中目标的明暗变化情况。Harr 特征对光照变化的鲁棒性很差。2002 年 Ojala 等提出了针对目标纹理特征的 LBP 特征提取算法。LBP 特征的计算方法如图 1-19(b) 所示，将模板中心周围的 8 个点的像素值依次与中心点的像素值进行比较，大于中心点像素值的取值为 1，小于中心点像素值的取值为 0。从模板的左上角开始，按顺时

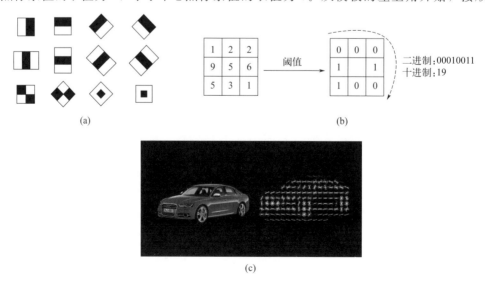

图 1-19 一些人工设计的手工特征

针组成的二进制数对应的十进制数即为模板中心对应的 LBP 特征值。2005 年 Dalal 等提出了针对目标边缘特征的 HOG 特征描述子，如图 1-19(c) 所示。HOG 特征描述子通过计算图像局部区域的梯度方向直方图构成特征，反映了图像局部区域的梯度方向与梯度强度分布特性。HOG 特征描述子对几何与光照变化具有良好的不变性，但对噪点非常敏感。

2001 年 Viola 和 Jones 提出了一种用于人脸检测的 VJ 检测器。VJ 检测器利用了 Harr 特征，结合了积分图像、Adaboost 和级联分类器等技术。VJ 检测器的效率高，检测速度快，因此仍在一些小型设备中使用。2008 年 Felzenszwalb 等提出了一种基于部件的 DPM 目标检测算法，如图 1-20 所示。DPM 算法采用改进后的 HOG 特征、SVM 分类器和滑动窗口进行目标检测，通过综合根滤波器（root filter）和部件滤波器（parts filter）的匹配得分确定检测结果。DPM 算法获得 PASCAL VOC 2007—2009 年目标检测冠军，作者 Felzenszwalb 于 2010 年被 PASCAL VOC 授予"终身成就奖"。DPM 算法在深度学习时代之前是最成功的目标检测算法之一。

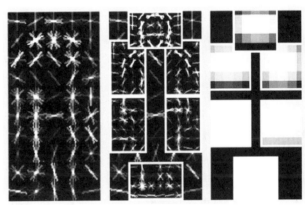

图 1-20　DPM 目标检测算法

尺度不变特征（如 SIFT 特征、SURF 特征）分类器是一种基于尺度不变特征变换的特征分类器，它能够提取出目标物体的局部特征，并且对旋转、缩放、平移等变形具有不变性。尺度不变特征分类器的主要优点是对于一些复杂的目标物体，分类效果较好；缺点是计算量较大，不适合实时目标检测。

1.3.4　基于深度学习的视觉目标检测研究状况

（1）RCNN

2014 年 Girshick 等提出了基于区域的卷积神经网络检测器 RCNN。RCNN 检测器首先利用选择性搜索（selective search）方法提取候选区域（region proposal）；然后将提取的每个候选区域放缩为固定尺寸（227×227）的图像并输入到卷积神经网络（AlexNet）中提取特征；最后利用线性支持向量机（support vector machine，SVM）对每幅候选区域图像中的目标进行分类，并利用边框回归器对边界框进行精准预测。在

VOC07 数据集上，RCNN 与 DPM-v5 相比 mAP（mean average precision，平均精度）从 33.7% 提升到了 58.5%。由于 RCNN 需要提取大量候选区域，且每个候选区域图像均需输入卷积神经网络进行特征提取，消耗大量计算资源，检测速度慢。

（2）SPPNet

2014 年何恺明等提出了空间金字塔池化网络（spatial pyramid pooling network，SPPNet）。在卷积神经网络中加入空间金字塔池化能够使 SPPNet 产生固定大小的表示，无须考虑输入图像的尺寸及比例。SPPNet 仅需从整张输入图片计算一次特征图，对任意尺寸的区域特征进行池化，产生固定大小的表示用于训练目标检测器。SPPNet 避免了重复计算卷积特征，在不牺牲检测精度（VOC07，mAP=59.2%）的前提下比 RCNN 的检测速度快了 20 多倍。

（3）Fast RCNN

2015 年 Girshick 提出了 Fast RCNN 检测器。Fast RCNN 从整幅输入图像中提取特征并通过 ROI Pooling 层获取固定尺寸的特征，将全连接层的输出进行 SVD 分解，利用 softmax 层对目标进行分类，并利用线性回归层对目标的边界框进行回归。在 VOC07 数据集上，Fast RCNN 与 RCNN 相比 mAP 从 58.5% 提升到了 70%，检测速度比 RCNN 快了 200 多倍。由于 Fast RCNN 检测器仍利用选择性搜索方法提取候选区域，这一过程仍然非常耗时。

（4）Faster RCNN

2015 年 Ren 等提出了 Faster RCNN 检测器，如图 1-21 所示。Faster RCNN 检测器将 Fast RCNN 检测器中利用选择性搜索方法提取候选区域替代为利用候选区域网络（region proposal network，RPN）提取候选区域。Faster RCNN 是首个端到端，近实时的深度学习目标检测器。在 VOC07 数据集上，Faster RCNN 与 Fast RCNN 相比 mAP 从 70% 提升到了 73.2%。从 RCNN 到 Faster RCNN，目标检测器中候选区域提取、特征提取、边界框回归等独立的部分逐渐被集成到一个统一的、端到端学习的网络中。

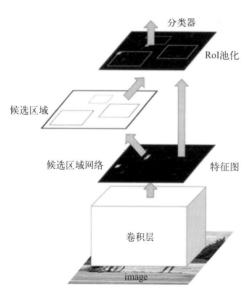

图 1-21　Faster RCNN 目标检测算法

（5）特征金字塔网络

2017 年 Lin 等提出了特征金字塔网络（feature pyramid network，FPN），如图 1-22 所示。FPN 是一种多尺度的目标检测算法，其包含两条通路：一条通路是自底向上的卷积神经网络计算多个尺度的特征层；另一条通路是自顶向下地从更高层级将粗略特征图上采样到高分辨率特征。两条通路通过 1×

1 的卷积操作进行横向连接以增强特征中的语义信息，解决了浅层与深层之间的结合问题。FPN 现在成为许多最新的目标检测器的基本组成部分。

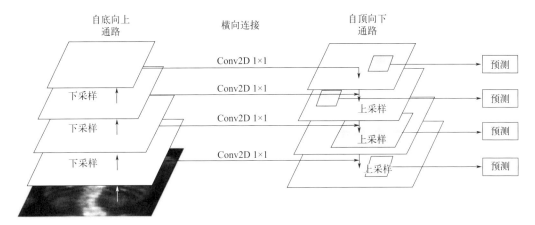

图 1-22　FPN 目标检测网络

（6）R-FCN

2016 年 Dai 等提出了基于区域的全卷积网络（region-based fully convolutional network，R-FCN），如图 1-23 所示。R-FCN 将全卷积网络（fully convolutional network，FCN）应用于 Faster RCNN 实现整个网络的计算共享，极大地提高了检测速度。Dai 等还提出了位置敏感得分图（pose sensitive score map）平衡分类网络平移不变性（translation-invariance）与检测网络平移可变性（translation-variance）之间的矛盾。基于 ResNet-101 的 R-FCN 在 VOC07 测试集上的 mAP＝83.6%，检测速度比 Faster RCNN 快 2.5～20 倍。

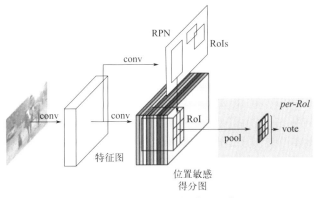

图 1-23　R-FCN 目标检测网络

（7）Cascade RCNN

2018 年 Cai 等提出了级联 RCNN（Cascade RCNN）目标检测网络，如图 1-24 所示。Cascade RCNN 通过级联几个检测网络以达到优化预测结果的目的，所级联的几个检测网络是基于不同 IoU 阈值确定的正负样本训练得到。Cascade RCNN 作为级联版本的 Faster RCNN，将两阶段目标检测算法的精度提升到了新的高度。

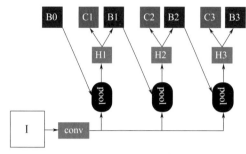

图 1-24　Cascade RCNN 目标检测网络

（8）SSD

2016 年 Liu 等提出了 SSD（single shot detector）目标检测算法。SSD 算法取消了全连接层，从多个不同卷积层中提取特征，每层特征图中的锚框尺寸和数量均不同，每个锚框中包含目标的类别信息和位置信息，根据所有锚框的信息，最终利用非极大值抑制（non-maximum suppression，NMS）得到最终的检测结果。SSD 是 Anchor-based 单阶段目标检测算法中首个检测精度可以达到 Faster RCNN 水平，检测速度比 YOLO 快的端到端模型。SSD 对小目标的检测效果较差。

（9）YOLO

2016 年 Redmon 等提出了 YOLO（you only look once）目标检测算法。YOLO 算法将目标检测作为回归问题进行解决。YOLO 将输入图像划分成 $s\times s$ 的网格，当某个目标的中心落在某个小网格中，则该网格负责对该目标进行预测。每个小网格预测目标类别、目标边界框位置、目标置信度分数。由于不需要候选区域提取阶段，YOLO 能够实时以 45fps（帧/s）运行。YOLO 对小目标的检测效果欠佳，由于每个小网格只能预测一个目标类别，当多个类别的目标的中心同时落在同一个小网格中时无法进行预测。

（10）YOLOv2

2017 年 Redmon 等提出了 YOLOv2 目标检测算法。YOLOv2 将主干网络由 GoogleNet 替换成了 DarkNet-19，移除了 YOLO 中的 dropout 层，对每个卷积层进行批归一化（batch normalization）处理，提升了模型的收敛速度。YOLOv2 利用 WordTree 将 COCO 检测数据集与 ImageNet 分类数据集进行混合，并使用联合训练算法进行训练，训练得到的模型能够同时对 9000 个目标种类进行检测。先使用分辨率为 224×224 的样本进行训练，再使用分辨率为 448×448 的高分辨率样本进行微调，提升目标检测精度。YOLOv2 采用先验框预测目标边界框，先验框可利用 K-means 聚类获取。

（11）YOLOv3

2018 年 Redmon 等提出了 YOLOv3 目标检测网络，如图 1-25 所示。YOLOv3 的主干网络采用了 DarkNet53，采用 3 个不同尺度的特征图进行目标检测，提高了对小目标的检测精度。YOLOv2 采用 K-means 聚类得到先验框尺寸，YOLOv3 沿用这种方法聚类得到 9 种尺度的先验框，每种下采样尺度设置 3 种尺度的先验框。在最小的特征图（19×19）上用尺寸较大的先验框，检测较大的目标；在最大的特征图（76×76）上用尺寸较小的先验框，检测较小的目标。YOLOv3 分类不再采用 softmax，分类损失采用二分类交叉熵损失（binary cross-entropy loss）。

（12）YOLOv4

2020 年 Bochkovskiy 等提出了 YOLOv4 目标检测网络，如图 1-26 所示。YOLOv4

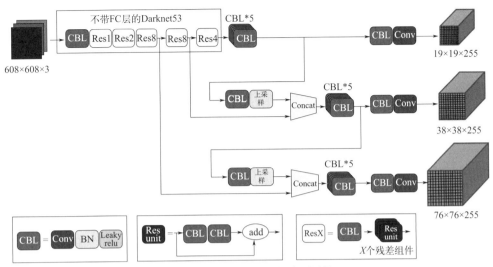

图 1-25　YOLOv3 目标检测网络

在输入端采用了 Mosaic 数据增强、交叉小批正则化（cross mini-batch normalization，CmBN）、自对抗训练（self-adversarial training）；主干网络采用了 CSPDarknet53、Mish 激活函数和 Dropblock；在主干网络与输出层之间插入了 SPP 模块、FPN＋PAN 结构；输出预测层的机制与 YOLOv3 相同，采用 CIOU_Loss 作为目标检测任务的损失函数，并采用 DIOU_nms 对预测框进行筛选，对于重叠目标的检测 DIOU_nms 效果优于传统 nms。大多数目标检测算法需要多块 GPU 进行模型训练，YOLOv4 可在单块 GPU 上进行训练，降低了模型训练的门槛。

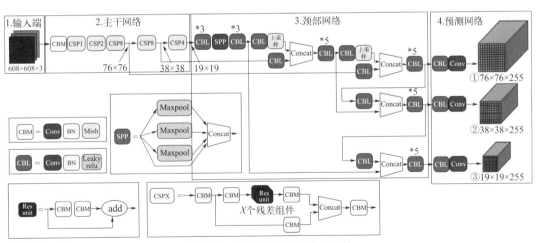

图 1-26　YOLOv4 目标检测网络

（13）YOLOv5

2020 年 Ultralytics 公开了 YOLOv5（如图 1-27 所示）源代码。YOLOv5 目标检测网络包含 4 个版本，分别为 YOLOv5s、YOLOv5m、YOLOv5l、YOLOv5x，四种网络的深度和宽度是不同的。YOLOv5 的输入端采用了 Mosaic 数据增强、自适应锚框计算及自适应图片缩放；主干网络由 Focus 结构和 CSP 结构组成，与 YOLOv4 不同的是，YOLOv4 仅在主干网络中使用 CSP 结构，YOLOv5 在主干网络中使用 CSP1_X 结构，在主干网络与输出层之间使用 CSP2_X 结构；在主干网络与输出层之间使用 FPN＋PAN 结构；输出预测层采用 GIOU_Loss 作为目标检测任务的损失函数。YOLOv5 的灵活性与检测速度远强于 YOLOv4，在模型的快速部署上也有很强的优势。

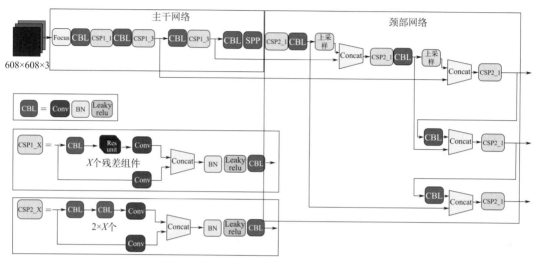

图 1-27　YOLOv5 目标检测网络

1.3.5　目标检测技术在自动驾驶中的应用

目标检测是自动驾驶车辆中非常重要的一个环节，它能够识别出车辆周围的障碍物、行人、道路标志等物体，为车辆的决策提供依据。目标检测的准确性和实时性对于自动驾驶汽车的安全性能至关重要。

目标检测技术在自动驾驶车辆中的应用主要包括以下几个方面：

（1）障碍物检测

障碍物检测是自动驾驶车辆中最重要的任务之一。通过使用目标检测算法，自动驾驶车辆可以实时地识别和定位其周围的所有障碍物，包括其他车辆、行人、动物以及任何可能阻碍其行驶的物体。这些信息对于规划安全且有效的驾驶路径至关重要。

（2）轨道线检测

自动驾驶车辆需要能够识别并沿着道路的中心线行驶。这通常通过检测道路上的轨道线来实现，无论是实线还是虚线。目标检测技术可以帮助汽车准确地识别出轨道线的位置，从而确保汽车始终在正确的车道内行驶。

（3）交通标志检测

交通标志是道路的重要组成部分，它们提供了关于道路条件、限速和其他重要信息的指导。自动驾驶车辆需要能够识别这些标志，并根据它们的指示调整自己的行为。例如，目标检测算法检测到前方有一个"停车"标志，它就需要减速或完全停止。目标检测技术在这方面起着关键的作用，它可以快速准确地识别出各种交通标志，并使汽车根据这些标志做出适当的反应。

1.3.6 面向自动驾驶的目标检测技术存在的问题

目前，自动驾驶车辆的目标检测技术虽然取得了显著的进步，但仍然存在一些关键的挑战需要解决。

（1）准确性问题

准确性是目标检测技术的核心问题。尽管现有的深度学习算法如 YOLOv5 模型在许多情况下都能提供相当高的准确性，但在复杂的实际驾驶环境中，例如恶劣的天气条件，或者在密集、复杂的交通场景中，检测的准确性可能会大大降低。如图 1-28 所示，在下雪的天气能够检测出前方的车辆，但漏检了"限速 30km/h"的标志；如图 1-29 所示，受雾霾的影响，前方黑色车辆被漏检。

图 1-28　受雪天的影响，"限速 30km/h"的标志被漏检

（2）实时性问题

自动驾驶车辆需要在实时或近实时的情况下识别和处理周围环境的信息，以确保安全和稳健的驾驶性能。这就需要目标检测算法不仅要准确，而且要足够快，能够迅速响应各种驾驶情况。然而，目前的许多高精度目标检测算法由于计算量大，其实时性有待提高。

（3）鲁棒性问题

自动驾驶车辆在各种复杂环境和突发情况下都需要保持良好的驾驶性能。这就要求目标检测算法具有很好的鲁棒性，能够在各种不同的环境条件下（如不同的光照、路面状况等）和各种不同的目标类型（如车辆、行人、交通标志等）中都能保持稳定的检测性能。图 1-30～图 1-32 展示了光照对目标检测算法的影响。

图 1-29　受雾霾的影响，前方黑色车辆被漏检

图 1-30　灯光对目标检测算法的影响

图 1-31　进出隧道光照变化对目标检测算法的影响

图 1-32　逆光对目标检测算法的影响

基于深度神经网络的目标检测的准确率相比之前的技术有了飞跃性的进步。但深度神经网络具有某些特定的脆弱性，非常容易受到"攻击"。在国外，科研工作者还做了这样一项实验，如图 1-33 所示，在表示"停止"的速度牌上稍加"装饰"，便被深度神经网络检测为"速度限制为 85km/h"。

图 1-33　YOLOv5 目标检测网络将停止标志误检为限速标志

AI（人工智能）对抗攻击是目标检测技术面对的一个新的挑战，它是指对输入故意添加一些人类几乎无法察觉的细微干扰，导致模型以高置信度给出一个错误的输出，简单来说就是骗过 AI。如图 1-34 所示，在"STOP"标志上添加了一个"特殊图案"之后，YOLO 模型便无法将"STOP"标志检测出来。

扩展阅读：趣谈 AI 对抗攻击

AI（人工智能）也有脆弱的一面，通过"略施小计"，我们能够瞬间把强大的人工

图 1-34　AI 对抗攻击对目标检测的影响

智能变成"人工智障"。这里要介绍 AI 对抗攻击。

目前主流的对抗攻击模型有三种：

• 黑盒模型：攻击者不知道目标网络的结构或参数，但可以与深度学习算法交互，查询对特定输入的预测，进而生成对抗样本。

• 灰盒模型：攻击者知道目标模型的体系结构，但无权访问网络中的权重。通过与深度学习算法进行交互，在同一架构的代理分类器上构造对抗样本。

• 白盒模型：攻击者能够完全访问包含所有参数的目标模型，能够调整攻击，直接在目标模型上构造对抗样本。这也是危险性最高和最难对付的。

对抗攻击的效果如下：

• 视而不见型

如图 1-35 所示，穿上了带有攻击图案的衣服，目标检测算法便无法将其检测出来。

图 1-35　视而不见型 AI 对抗攻击效果

• 张冠李戴型

戴具有特定花纹的眼镜，可以欺骗人脸识别系统，使人脸识别系统将其误识别为其他人。

- 指鹿为马型

如图 1-36 所示，将乌龟身上的斑点花纹略加改变，目标检测算法便将其识别为手枪。

图 1-36　指鹿为马型 AI 对抗攻击效果

通过借鉴人类大脑皮层对图像信息的处理方式形成的目标检测模型可模拟人类鲁棒性的视觉识别，解决现有目标检测算法受环境影响的问题。事实上，生物体本身就具有强大的感知能力，处于幼儿阶段的人类在见过几次同类物体后即具备在各类环境下快速定位识别该类别物体的能力，整个判断过程快速、准确，且基于很少量的样本学习，即具备了在各种光照条件下的鲁棒性识别能力。针对生物体视觉感知皮层的研究发现，是人类视觉感知皮层具有的多层级、双路通信、注意机制等各类感知机制，帮助人类实现高效的目标检测。本书研究的面向自动驾驶的类脑目标检测技术便是基于上述机理形成的类脑感知算法，极大地提升了目标检测算法的鲁棒性和精度，突破复杂环境下的目标检测难题。

第2章
类脑目标检测技术国内外研究状况分析

2.1 轻量化仿视觉皮层目标检测模型研究现状

国外针对仿视觉皮层感知模型的研究起步较早,已经开展了大量基于仿视觉皮层感知机理的信息处理与目标识别模型的相关研究,发展了一套较为成熟的从仿生机理抽象至模型的理论方法。

1999 年麻省理工学院团队提出了基于腹侧通路的分层最大化模型 HMAX。HMAX 模型中的简单细胞层(S 层)执行线性操作,复杂细胞层(C 层)执行 Max Pooling 操作,以实现目标识别的尺度和位置不变性。HMAX 模型与 Neocognitron 模型类似,采用前馈即自底向上的结构(S1→C1→S2→C2→S3),其中 S1 和 C1 对应大脑视觉皮层中的 V1 和 V2 区,S2 对应 V4 区,C2 对应 IT 和 PFC 区,在功能上与人类大脑视觉皮层中用于实现目标识别的腹侧通路(V1→V2→V4→PIT→AIT→PFC)基本一致。2005 年麻省理工学院的 Serre 等对 HMAX 模型进行了改进。在 S1 层中采用 Gabor 滤波器组,更加准确地描述简单细胞的感受野特性。在 S2 层输出时,将 HMAX 模型采用的静态特征字典替换为从视觉经验中学习得到的中间层特征。该模型在包含多目标种类的图像数据集上取得了良好的效果。2006 年,麻省理工学院的 Mutch 和 Lowe 提出了多类目标识别模型。该模型在 Serre 等人研究的基础上进行了改进。模型的输入为 10 种尺度的金字塔图像层,模拟人类大脑视觉皮层中的侧抑制作用对 S1/C1 层的输出进行了抑制,对 S2 层的输入进行了稀疏化,C2 层具有尺度和位置不变性,利用 SVM 对目标进行分类。Mutch 和 Lowe 提出的模型在 Caltech 101 数据集和 UIUC 车辆数据集上均取得了良好的效果。2016 年 Seifzadeh 等提出使用具有前馈结构的极限学习机而非标准 HMAX 中使用的 SVM。该方法与标准 HMAX 相比能够获取更高的准确率。2020 年,伊朗科技大学电气工程学院的 Sufikarimi 和 Mohammadi 在 HMAX 模型中加入了人类大脑视觉皮层 V2 区的模型。所添加的层选择可重复且信息量更大的特征,通过避免传统方法中的冗余提高准确率。此外,这种特征选择策略大大减少了巨大的计算量。所提出的模型能够使用少量训练图像进行训练。

在计算机视觉领域中也提出了一些不基于 Hubel 和 Wiesel 层次结构理论的模拟视觉皮层信息处理机制的模型。1997 年牛津大学的 Wallis 和 Rolls 提出了一种不变目标识别模型 VisNet,该模型与人类大脑视觉皮层中感受野随视觉皮层等级提升而增大的特性一致。2000 年,牛津大学的 Rolls 和 Milward 提出了 VisNet 模型的改进版本 VisNet2,如图 2-1 所示。

该模型由四层前馈网络组成,网络中的每一层由前一层的小区域汇聚形成,所有神经元的响应均利用 Sigmoid 函数进行模拟,通过修正的 Hebbian 规则学习变换不变性。VisNet2 模型的优点是对视觉皮层进行了

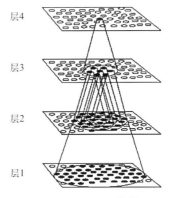

图 2-1 VisNet2 网络模型

完整的理论模拟。缺点是模型复杂，需要消耗大量资源进行计算，没有特别考虑目标的颜色和形状。

2002 年，耶路撒冷希伯来大学的 Hochstein 和 Ahissar 提出了前馈与反馈双向等级模型。该模型中的前馈与 HMAX 模型类似，高级视觉皮层中的预测信息又反向传递至低级的视觉皮层。2010 年 Dura-Bernal 等研究了反馈在基于视觉皮层的分层目标识别模型中的作用。2013 年岭南大学的 Kim 等提出了一种模拟视觉皮层 V1 和 V4 区信息处理机制的形状编码方法。该方法中视觉部分检测器的最佳形式是圆形对称检测器和角形结构检测器的结合。Kim 等提出的方法忽略了 V2 区对角形结构检测的重要作用。2014 年，德国乌尔姆大学的 Tschechne 和 Neumann 受到神经元之间存在互馈连接的启发，提出了一种视觉皮层中的形状分层表达模型。该模型增加了对视觉皮层中 V2 区的模拟并应用于目标边界提取。2018 年墨西哥瓜达拉哈拉国家理工学院 González 等提出一种描述在大脑视觉皮层中的 V1 和 V2 区中提取线、角度、轮廓特征过程的模型。2020 年麻省理工学院的 Joel Dapello 等人提出了一种仿 V1 皮层的面向图像分类任务的卷积神经网络模型，提高了针对图像扰动噪声的鲁棒性，但该模型只能识别图像中目标的类别，无法实现图像中目标位置的识别，有待进一步研究。2021 年 Benjamin D. Evans 等人提出了 BioNet 模型，该模型针对图像分类问题，提出了一种受生物学约束的高斯差分滤波器模块，提高了图像分类模型的泛化能力。2021 年 Shahd Safarani 等人针对图像分类问题，提出了一种基于猕猴初级视觉皮层神经响应数据的图像分类和神经信号预测的多任务联合训练模型，称为 neural_co-training 模型，该模型提高了图像分类模型的鲁棒性和模型泛化能力。2022 年，Sebastian Monka 根据人类视觉皮层使用上下文为所看到的图像形成不同的对象表示，提出了一种通过使用知识图中编码的外部上下文知识来增强深度学习方法的方法。实验结果证明，上下文有助于增强对象识别模型对分布外图像的鲁棒性。2022 年，Jianghong Shi 基于小鼠视觉皮层，提出了一种生物约束卷积神经网络模型，使用表征相似性分析来量化 MouseNet 在多大程度上重述小鼠视觉皮层中的神经表征。2022 年，Ghislain St-Yves 发现人类视觉区域 V1~V4 的作用类似于深度神经网络的早期层，作为更高区域的一系列预处理序列，并表明它们可能具有自己的独立功能。

在国内，相关领域的研究人员也对受视觉皮层启发的目标识别进行了大量研究。2012 年合肥工业大学的宋皓等对经典稀疏编码和 HMAX 模型进行了改进，用 4D Gabor 金字塔模拟了视觉信息从视网膜到视觉皮层 V1 区的处理过程，用带稀疏编码性质的滤波器模拟了视觉信息从 V1 区到 PFC 区的多层次处理过程。2013 年复旦大学的王悦凯基于模拟人类大脑视觉皮层的 Where-What 网络模型（WWN）提出了脑壳封闭的自主发育网络 WWN-6，实现了在复杂背景中物体类别和位置的学习及处理。在 WWN-6 的基础上提出了 WWN-7，增加了物体尺度的概念，实现了在复杂背景中同时对物体、位置、尺度三种概念的学习。2015 年浙江大学的张林借鉴神经生物学与认知生理学的研究成果，考虑人类大脑的生物学习机制，结合 HMAX 模型与极限学习机，设计与构建了新颖的生物启发式目标识别网络 S1-C1-S2-C2-H。2016 年上海交通大学的张盛博研究了视觉皮层中腹侧通路 V1→V2→V4 区对形状信息的处理机制，建立了形状特征分层模型，进一步提取角形和曲率特征。该模型在 MNIST 数据集和 21 类遥感影像数据集上取得了良好的目标识别效果。2016 年中国石油大学的 WangY 等通过将多次触发 k-means 集成到 HMAX 模型中模拟大脑视觉皮层中 V2 区的响应。2017 年军事医学研究院李冰对灵长类视觉目标识别的神经机制进行了综述研究，对生物视觉系统的仿生机制研究具有重要指导意义。2020 年中国科学院沈阳自动化研究所的张盼盼等基于大脑视觉皮层以层级结构以及柱状形式处理信息的机制，提出了完全实例化的思想，运用类脑计算对 Capsule 网络进行了改进并将其应用于 SAR 自动目标识别中。2022 年，申天啸提出了一个基于人类视觉皮层双通路的模型 TWNet，通过模拟视觉机制，提高了驾驶员眼动行为的识别性能。

综上所述，在标准的卷积神经网络前模拟灵长类初级视觉皮层的图像处理，可显著地提高它们对图像扰动的鲁棒性，甚至使它们超越了最先进的防御方法。实验表明，经过修改的卷积神经网络能够更好地抵御白盒对抗性攻击。这证明了生物智能仍然有很多未开发的潜力，可以解决人工智能研究所面临的一些基本问题。神经科学和人工智能相辅相成和相互加强将会是未来仿视觉皮层目标检测算法的发展趋势。

2.2 基于视觉注意机制的目标检测研究现状

视觉注意力本身可以看作是一种资源分配的机制，使得原本被平均分配的视觉信息可以根据视觉注意对象的重要程度重新进行分配，从而抑制了不重要的视觉信息表达，强调了重要的视觉信息表达。因此，为了能够在计算机视觉建模过程中实现该机制，先前大多数研究方法采用显著性检测的方式来捕获视觉注意力。但近年来，由于深度学习技术的不断迭代发展，将其与视觉注意机制结合的视觉模型不断涌现，并取得了较好的视觉性能。现有基于深度学习方法的计算机视觉注意力模型的发展时间线，如图 2-2 所示。

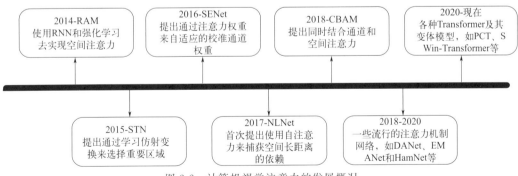

图 2-2 计算机视觉注意力的发展概况

按照视觉注意力模型提出的时间顺序，可以总结为四个重要的阶段：第一阶段将 RNN 与视觉注意力结合，提出了 RAM 模型，其在图像分类任务中取得较好的性能，同时也引起了研究者对视觉注意机制的关注；第二阶段通过显式地预测重要区域，代表方法为 STN 模型；第三阶段隐式地构建视觉注意力，代表方法为 SENet、NLNet 模型等；第四个阶段使用 Transformer 及其变体模型构建更具表达能力的注意力模型，代表方法为 PCT 模型等。然而，尽管各个阶段对视觉注意力模型构建的方式大不相同，但如何从不同的视觉维度去构建一个性能与模型复杂度平衡的视觉注意力模型一直是设计的重点。因此，按照建模过程中对不同域的处理方式，可以进一步地将国内外现有研究方法分为：基于通道域的方法、基于空间域的方法和基于混合域的方法。具体原理如下。

（1）基于通道域的方法

在 CNN 中，每个通道的特征图是特征提取器（卷积核）提取到图像不同层面特征的结果，如表现为纹理、边缘等图像描述特征，因此不同特征图的差异性表现，能在一定程度上丰富特征图的信息来源。但在现有卷积网络的设计中，网络对所有通道特征信息采用统一处理的方式，不但造成了冗余的计算开销，而且缺少对差异性化信息的表达。针对这些问题，基于通道域的视觉注意机制模型提出，对不同的通道根据优化目标自适应地重新校准每一个通道的权重，从而使网络重点关注具体的目标对象。因此，针对这一设计思想，2017 年 Hu 等人提出经典的 SENet 模型，其模型架构如图 2-3 所示。

图 2-3 中，GAP 表示全局平均池化（global average pooling，GAP），FC 表示全连接层（fully connected-layer，FC），Sigmoid 为激活函数。在模型整体的设计上，首先将模型分为两个主要的模块：压缩模块和激励模块（压缩模块，使用 GAP 来收集空间全局的语义信息；激励模块，使用 FC 与非线性函数 ReLU 来显式地建模通道之间的依赖关系）。然后，将模块输出结果输入 Sigmoid 函数，来计算每个通道的注意力权重；最后，将注意力权重与输入特征图相乘，以重新标定不同通道间

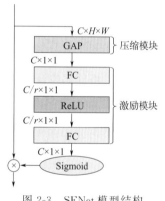

图 2-3 SENet 模型结构

的重要性。人类视觉皮层的神经元可以根据接收到的不同输入刺激信息，来自适应地调节感受野的大小。2018 年，Li 等人在 SENet 的基础上提出多路注意机制，每一路使用不同的卷积核来捕获图像不同尺度的语义信息，并构建自适应学习模块来分配不同尺度的卷积核对任务的响应权重，从而体现出不同卷积核的重要性。进一步地，为了建模更多的语义信息，2018 年 Zhang 等人提出语义编码损失上下文扩展模块（context extension coding module，CEM）来建模场景上下文与对象类别概率之间的关系，从而利用全局上下文信息来进行语义分割。此外，SENet 通过设计激励模块来减少模型参数，但该方式不直接建模通道与相应权重之间的对应关系，造成了不可靠的注意力权重和过多的计算开销。2021 年 Wang 等人提出有效通道注意力（efficient channel attention，ECA），丢弃了其"瓶颈层"的设计方式，引入了局部通道连接的思想，增强了近邻通道对注意力权重学习的影响，显著地减少了可计算的参数量。

以上基于通道域的方法，大多使用全局平均池化来捕获全局信息，缺少对高阶语义信息的表示，致使模型的建模能力受限。2019 年 Gao 等引入全局二阶池化（global second-order pooling，GSoP）操作，通过引入协方差来计算通道之间的关系，增强了模型对高阶统计量信息的表示。2020 年 Yang 等人则提出门控通道变换（gated channel transformation，GCT）机制，该方法引入 L 范数归一化来收集每个通道的全局信息，并使用轻量级的、易于分析的变量来隐式地学习网络通道间的相互关系，同时这些通道量级的变量可以直接影响神经元间的竞争或者合作行为，能方便地与卷积网络本身的权重参数一同参与训练。为了进一步获取更强的视觉表征能力，2021 年 Qin 等人提出 FCANet，通过构建频域通道注意机制模型，将不同频域信号重新进行组合，丰富了特征信息聚合的来源。

（2）基于空间域的方法

基于空间域的注意机制方法，主要在于如何突出目标对象在空间区域位置上的重要性，同时忽略大量冗余的背景信息，因此本质上可以将该方法看作是一种空间区域上的选择机制，即让模型知道"在哪看"。在实际的建模过程中，图像中更大的视野信息是计算准确位置注意力的关键，自注意机制已经被成功地应用到自然语言处理任务当中，以捕获长距离句子单词之间的依赖关系，因此研究者们尝试将该方法引入到 CV 任务中，以实现对空间长距离位置依赖关系的捕获。2018 年 Wang 等人提出经典的视觉自注意机制模型 NLNet（non-local neural networks），其模型结构如图 2-4 所示。

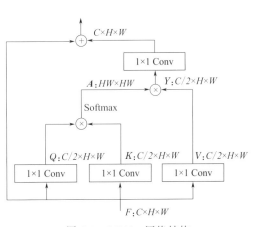

图 2-4　NLNet 网络结构

在模型的整体设计上，首先将输入特征图 F 分别送入三路分支，Q、K 和 V，同时使用 1×1 大小卷积来减少下一步操作的参数计算量。然后，将计算过程分为三步：①将 Q 与 K 进行相似度计算，得到各个不同位置上相关关系；②使用 Softmax 函数对关系进行归一化处理，得到注意力矩阵 A；③将 A 与 V 在各个位置上进行相乘并加和，得到自注意力模型的输出结果 Y。最后，将 Y 通过 1×1Conv 变换到与 F 同等大小后进行融合，从而实现对原始区域信号进行有侧重的选择。NLNet 通过使用自注意机制的方法，使得捕获的视觉语义信息不再局限于局部区域内，增强了其对全局视野信息理解的能力。但 2019 年 Gao 等人通过观察 NLNet 中不同位置注意力权重的可视化结果，发现全局上下文信息的获取是不受空间位置依赖的，基于此项观察，他们提出计算所有位置特征的加权求和来捕获全局上下文的信息，类似于信息的平均聚合。此外，在使用自注意机制的方法建模空间长距离的位置依赖时，往往会产生巨大的参数计算量，因此针对优化其计算复杂度展开研究。2019 年 Huang 等人提出"交叉式（cirss-cross）"注意力模型，每个位置通过反复计算行注意和列注意来捕获全局信息，并且基于该策略降低了运算复杂度。2021 年 Huang 等人提出对象上下文表示的概念，它是同一类别中所有对象区域表示的加权聚合，并用这种上下文对比表示向量和键，从而提高了计算速度和效率。

（3）基于混合域的方法

为了弥补在单域（通道域或空间域）下所捕获视觉注意机制信息不够完整的问题，提出基于混合域的方法，同时构建空间注意力模块（spatial attention module，SAM）和通道注意力模块（channel attention module，CAM），以强调特征信息在空间和通道维度上的重要性，使模型既知道"在哪看"，又知道"看什么"。Wang 等人提出的残差注意力网络在通道及空间注意力领域具有开创性意义，强调信息特征在空间和通道维度上的重要性。残差注意力网络采用由多个卷积组成的自下而上的结构来生成三维（高度、宽度、通道）注意力图。残差注意力网络的缺点是计算代价高以及有限的感受野。Woo 等人提出了 CBAM（convolutional block attention module，卷积注意力模块），对通道注意力和空间注意力进行了堆叠。CBAM 将通道注意力图和空间注意力图解耦以提高计算效率，并通过引入全局池化来利用空间全局信息。由于 CBAM 采用卷积来产生空间注意力图，因此空间子模块可能会受到有限感受野的影响。Park 等人提出 BAM（bottleneck attention module，瓶颈注意力模块），旨在有效提高网络的表征能力。BAM 使用空洞卷积扩大空间注意子模块的感受野，并且通过构建瓶颈结构节省计算损失。尽管 BAM 中的空洞卷积能够有效增大感受野，但它仍然无法捕获长期上下文信息以及编码跨域关系。Roy 等人提出了 scSE（spatial and channel SE blocks，空间和通道 SE 模块），对 SE 模块进行了补充，提供了用于关注重要区域的空间注意力权重。在 CBAM 和 BAM 中，通道注意力和空间注意力被分开计算，忽略了两个域之间的关系。Misra 等人提出了 triplet 注意机制，其是一种轻量级但能够有效捕获跨域交互的注意机制。Yang 等人在提出的 SimAM 中也强调了学习跨通道和空间域变化的注意力权重的重要性。SimAM 是一个简单、无参数的注意力模块，能够直接估计 3D 权重，而无须扩展 1D 或 2D 权重。SimAM 的设计基于著名的神经科学理论，无须手动微调网络结构。Hou 等人提出了坐标注意机制，将位置信息嵌入到通道注意中，使网络能够以很少的计算成本关注较大的重要区域。坐标注意力能够准确获取目标物体的位置，且能够获得比 BAM 和 CBAM 更大的感受野。大多数注意机制仅适用来自类标签的弱监督信号来学习关注点。Linsley 等人调研了显式的人工监督如何影响注意力模型的性能和可解释性，并提出了全局及局部注意力（global-and-local attention，GALA）模块，如图 2-5 所示，其利用空间注意机制扩展了 SE 模块。在人工提供的特征重要性图的监督下，GALA 显著提高了表示能力，并且能够与任何卷积神经网络主干相结合。

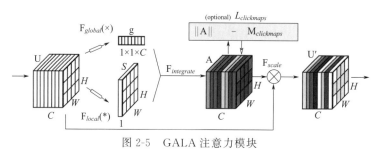

图 2-5 GALA 注意力模块

2.3 基于神经元稀疏性的模型压缩研究现状

尽管基于多尺度的模型和基于注意力的模型已经取得很好的检测效果，但是，它们需要较高的内存和计算资源，这将阻碍在资源有限的平台上部署算法。压缩和提速这些模型有助于有效部署。剪枝是常用的基于神经元稀疏性的模型压缩方法。根据剪枝对象的特征，可以将网络剪枝分为结构化剪枝和非结构化剪枝。结构化剪枝和非结构化剪枝的对比见表 2-1。

表 2-1 结构化剪枝与非结构化剪枝对比

剪枝类型	应用层级	方法特点
非结构化剪枝	卷积层/全连接层	剪枝后网络结构不对称，对硬件部署不友好；可以压缩参数量，不能降低计算量
结构化剪枝	卷积层	剪枝后网络结构对称，便于硬件部署；既可以压缩参数量，也可以降低计算量

非结构化剪枝的基本单位是单个神经元。非结构化剪枝得到的卷积核是稀疏的，即得到有很多元素为 0 的参数矩阵。除非底层的硬件和计算库对稀疏矩阵的运算有优化加速支持，否则非结构化剪枝后网络的计算效率很难获得实质的提升，因为 0 也要参与运算。由于非结构化剪枝无法避免的弱点，近些年对剪枝的研究更多地集中在结构化剪枝上。

结构化剪枝裁剪的对象为权重参数组，比如某个卷积核中全部参数，这就使得裁剪后的网络结构依然保持对称。同时被裁剪的成组的参数可以完整从网络结构中剔除，随之也去除了这组参数关联的矩阵运算，因此可以在压缩参数量的同时减少网络的计算量。

（1）非结构化剪枝

早期的非结构化剪枝方法都根据网络代价函数的海塞矩阵来衡量网络每个神经元的重要程度，进而减少网络中连接的个数，通过实验验证基于海塞矩阵的剪枝相较基于权重大小的剪枝可以获得更好的网络性能。接下来网络剪枝的研究趋向于剪除预训练网络中冗余的、包含较少有用信息的权重。其中最具代表性的方法为 Han S 提出的同步剪除预训练卷积网络权重和神经元的方法。在该方法中，首先添加权重的 L2 正则化项到原始的代价函数，以此训练得到稀疏的网络，继而将权值小于设定阈值的连接和其对应的神经元一并剪除，最后通过网络再训练来恢复因为剪除连接和神经元而引入的精度损失。通过将卷积层与全连接层的剪枝和再训练过程分开独立执行，减少了一次网络训练时所需的内存和运算量。

非结构化剪枝可以实现较高的压缩率，并且不会改变原始网络模型的结构（各个层的通道数），可以有效地减少内存占用，加速前向推理过程。然而，这种修剪策略通常会产生不规则的网络结构（非结构化的稀疏权值参数矩阵），在推理过程中会产生不规则的内存访问，导致硬件工作效率降低。虽然可以通过定制相对应的硬件和软件库来解决上述问题，但是也随之增加内存占用和计算成本，违背了模型剪枝的初衷。早期的模型剪枝方法大多数集中于非结构化剪枝。近年来，研究人员考虑到适用性和经济性，开始把更多的目光聚集于基于结构化剪枝的模型压缩方法。

（2）结构化剪枝

相较于非结构化剪枝，结构化剪枝尤其具有直接删除整个冗余结构的优势，这可以得到通用硬件和BLAS库的很好支持。结构化剪枝可按照粒度从粗到细分为：层级剪枝、通道级剪枝以及核剪枝。由于层级剪枝会去掉网络中的整个层，其实跟网络结构设计比较相关，而核剪枝相对通道级剪枝来说，去掉的参数量和计算量较小，因此对通道级剪枝的探索是结构化剪枝的主要研究方向。

通道级剪枝的核心问题是如何评价和定义通道对应卷积核的重要性。通常情况下，需要额外增加一些对原网络层的计算来得到重要性的大小，继而将重要性小的通道删除。基于批归一化（batch normlization，BN）层的网络瘦身算法提出选用卷积神经网络自带的批归一化层中的尺度因子γ来进行特征图重要性的评估。根据BN层的定义，尺度因子和特征图矩阵直接通过乘法运算发生作用，且每个尺度因子与特征图的每个通道一一对应。因此，尺度因子可以起到将低于某个阈值的特征图剪掉的作用。而剪掉特征图相当于对应的卷积核也被剪掉，从而完成网络的通道级剪枝。最后再通过再训练来恢复网络损失的网络性能。网络瘦身法是非常经典且高效的剪枝方法，由于BN层普遍存在于神经网络中，其适用性非常强。

He Yang等人发现了通道级剪枝过程中的一个问题：普遍的剪枝都是采用硬剪枝，一般是按照某些指标对卷积核进行排序，然后直接剪掉不符合指标的卷积核，继而做再训练，而再训练的时候网络中就不包含那些被剪掉的卷积核。他们提出一个观点，就是每次剪枝都有可能将比较重要的卷积核剪掉，而这些卷积核不能被恢复，这就会对整个网络的性能造成不可逆的损伤。因此他们提出了通道软剪枝的概念。软剪枝和硬剪枝的不同点主要在于被剪掉的卷积核是可恢复的，依然会参与下一次迭代更新。软剪枝在不采用再训练的情况下仍然能达到可观的效果，主要是由于软剪枝会在每个Epoch的末尾进行剪枝，然后再训练，然后继续下一个Epoch。软剪枝相较于一般的硬剪枝最大的区别就是使被剪除的卷积核依旧可以参与反向传播和参数更新，即先将要被剪的卷积核挑选出来将其中参数归零，然后模型进行训练，这个过程中被剪的卷积核参数并没被固定，所以这些参数依旧参与了训练（相当于没有剪枝），然后对得到的模型依旧进行上述操作，经过多次迭代以后到Epoch结束时进行标准的剪枝，被剪卷积核归零，得到最终剪枝后的模型。软剪枝是基于卷积核的L2范数来衡量其重要性。另外，在He Yang的另一篇文章中，提出了另外一种衡量重要性的标准：用欧氏空间的"几何均值"来表征卷积核之间的相似性，相似性高的卷积核意味着可以被别的卷积核替代，所以可以被剪除。软剪枝提出并解决了通道剪枝中卷积核一旦剪除便不可恢复的问题。不过由于软剪枝需要在每个Epoch末期都进行剪枝和再训练，训练时间比较长。

2020年，Mingbao Lin等人研究发现无论输入图片的数量是多少，每个卷积核所产生的特征图矩阵的平均秩都保持不变。他们提取了不同网络结构的不同卷积层产生的特征图，然后对其秩进行统计分析，发现当输入的 batch 不同时，同一个卷积层输出的特征图的平均秩基本保持不变。矩阵的秩可以反映其含有的有效信息量，而有效信息量的多少和输入特征图以及卷积核都有关。他们认为一个特征图的秩小，就说明它含有的有效信息少，在决定整个网络输出结果中占有的重要性就低。相反，如果一个特征图的秩很大，说明其中很多信息是不能忽略的，在决定网络结果中就占有比较重要的地位。基于此推论，他们提出了基于特征图秩的通道剪枝算法 HRank。该方法的总体思路是：首先，输入少量图片计算每个卷积核对所有输入图片的特征图的秩，并求出秩的平均值；其次，对秩的平均值进行排序，删除平均秩小的通道，然后组成新的网络结构；最后，再训练得到剪枝后网络的参数。基于特征图秩的通道剪枝算法为研究者们打开了一个新思路：从特征图包含的信息量的角度去衡量对应通道的重要性。同时它也提出输出特征图的信息包含了输入特征图和卷积核两部分的信息，也许比单独卷积核更适合来衡量通道的重要性。

2022 年，Shuang Song 提出了一种基于 YOLOv3 模型修剪的绵羊脸检测方法，简称 YOLOv3-P。通过使用绵羊脸数据集对 YOLOv3 中的锚帧进行聚类，mAP 从 95.3% 提高到 96.4%。压缩模型的 mAP 也从 96.4% 增加到 97.2%。模型尺寸也缩小到原始模型尺寸的 1/4。2022 年，Zhi Yang 在不过分牺牲性能指标的情况下提高大型卷积网络模型的推理速度，提出了一种数据感知自适应修剪算法。该算法由两部分组成，即基于注意机制的通道修剪方法和基于强化学习的数据感知修剪策略。在 CIFAR-100 数据集上的实验结果表明，对 VGG19、ResNet56 和 EfficientNet 网络进行修剪后，所提出的修剪算法的性能分别仅降低了 2.05%、1.93% 和 5.66%，加速率分别为 3.63、3.35 和 1.14。2022 年，Suraj Srinivas 提出了一种称为循环修剪的简单策略，该策略要求修剪计划是周期性的，并允许在一个周期中错误修剪的权重在随后的周期中恢复。在线性模型和大规模深度神经网络上的实验结果表明，在高稀疏率下循环修剪优于现有的修剪算法。2022 年，Xuetao Zhang 通过修剪 YOLOv3-SPP3 的卷积信道和残差结构，提出了一种无人机检测方法。首先，使用 k 均值算法对盒子进行聚类标记。其次，使用通道和快捷层修剪算法对模型进行修剪。再次，对该模型进行了微调，以实现对无人机的实时检测。2022 年，Javier Poyatos 提出了 EvoPruneDeepTL，这是一种基于迁移学习的深度神经网络的进化修剪模型，它用遗传算法优化的稀疏层代替最后一个完全连接的层。根据其解编码策略，该模型可以对神经网络的密集连接部分进行优化修剪或特征选择。

结合目前对剪枝结构的研究，通道剪枝由于其硬件友好的特征依然是目前剪枝研究的热点，但是相对于其他剪枝结构，剪枝的精度相对较低，导致性能随着压缩比的增大下降较多。而针对残差结构的剪枝方案，缺少更加细粒度的考虑和不同方案之间的效果比较，并且如何结合剪枝算法进行联合优化也是一个可探索的方向。

第3章

面向自动驾驶的目标检测模型训练与测试数据集的构建

3.1 构建面向自动驾驶的目标检测模型训练与测试数据集的必要性

面向城市道路的自动驾驶环境一般具有以下特点：街道环境复杂，建筑、基础设施繁多，容易出现遮挡；城市中交通情况复杂，行人、各种型号及颜色的车辆繁多；自然条件多变，含雨天、雪天、雾天等情况；光照条件多变，含夜间行驶、逆光行驶、进出隧道明暗变化等。因此，要提升自动驾驶的目标检测的效能，必须构建专门的面向自动驾驶的目标检测模型训练与测试数据集。

目前，常见的面向自动驾驶公开数据集包括如下几个。

① Motion Dataset，该数据集含 103354 个带地图的数据片段，包括汽车、行人、自行车 3 类标签，采集地点包括旧金山、凤凰城、山景城、洛杉矶、底特律和西雅图等美国地区。

② Tsinghua-Tencent 100K 2021，该数据集共包含约 100000 张图片，其中有标注的图像有 10592 张，共包含 232 类交通标志，其中每个交通标志都带有一个类别标签及边界框。

③ nuScenes，该数据集由自动驾驶技术公司 Motional 发布，是自动驾驶领域使用较为广泛的公开数据集之一，包含波士顿和新加坡的多个复杂的驾驶场景。含有相机图片及激光雷达扫描点云图像，视觉目标检测数据共有 23 个类别。

④ Boxy vehicle detection，该数据集由博世发布，包含车辆类别的标注信息，亮点在于其图像数据具有 500 万像素的高分辨。

⑤ SODA10M，该数据集由华为诺亚方舟实验室联合中山大学发布，含 1000 万张无标注图片以及 2 万张标注图片，由手机或行车记录仪每 10s 获取一帧图像，含有行人、自行车、汽车、卡车、电车、三轮车 6 种类别。

⑥ CCTSDB，该数据集是由长沙理工大学相关学者及团队制作而成的，其有交通标志样本图片近 20000 张，共含交通标志近 40000 个，但目前只公开了其中的 10000 张图片，标注了常见的指示标志、禁令标志及警告标志三大类交通标志。其 10000 张图片中，有 1000 张原始图片，1000 张在原始图片基础上进行横向改变尺寸的图片，1000 张在原始图片基础上添加脉冲噪声（也称为椒盐噪声）的图片，1000 张在原始图片基础上调整亮度的图片和 6000 张对一段行车视频进行逐帧抽取的图片。分辨率由 1000×350 至 1024×760。

上述公开数据集仅包含某类车辆、行人、少量的交通指示牌等几类目标，覆盖的范围较小，包含的目标种类少，且数据形式以无序图片为主，缺少针对城市道路视频数据进行多类别标注的时序关联数据，难以满足城市环境下的多类别视觉目标检测模型训练、测试、验证的需求，且无法直观测试模型在噪声干扰下的实际效果。

本章针对面向城市道路自动驾驶场景下视觉目标检测数据需求，建立了面向城市道路的自动驾驶视觉目标检测数据集，并按照常用的分配比例 6∶2∶2 来划分训练集、验证集和测试集,用于目标检测模型的训练、验证及测试。同时,为进一步测试模型在噪声干扰场景下的目标检测性能,在此数据集的基础上,通过多种数据增强算法定量化引入了不同类别、不同程度的噪声干扰,将原始数据集转化为带噪声干扰的数据集,专用于测试模型在干扰存在时的抗扰性。本章所构建的数据集的用途如图 3-1 所示。

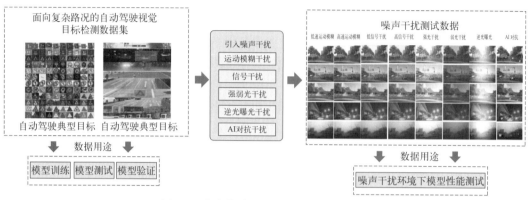

图 3-1　本章构建的数据集的用途示意图

3.2　面向城市道路的自动驾驶视觉目标检测数据集的构建

（1）数据集类别情况

该数据集按类别特征分为自动驾驶-交通标志、自动驾驶-典型目标两大类,其中自动驾驶典型目标共 18 类,自动驾驶交通指示牌 233 类,如图 3-2 所示。

自动驾驶交通标志

自动驾驶典型目标

图 3-2　数据集大类类别示意图

自动驾驶典型目标数据为面向城市交通环境中较为常见的典型目标,包括红灯、绿灯、黄灯、公交车、卡车、行人、骑行者、路障、直行标线、左转标线、右转标线、直行或左转标线、直行或右转标线、掉头标线、警示牌、斑马线、减速带、汽车，共18类。

自动驾驶交通指示牌数据为面向城市交通环境中的交通标志，包括233类，单独采集交通指示牌数据36033张。面向城市道路的自动驾驶视觉目标检测数据集按类别统计后的概况如表3-1所示。

表3-1 数据集详细类别统计概况

序号	类别	车型	标签	标注框数/个
1	交通灯	红灯	red	47433
2		绿灯	green	40525
3		黄灯	yellow	1561
4	车辆	汽车	car	507668
5		公交车	bus	40006
6		卡车	truck	34838
7	人	行人	person	96788
8		骑行者	cyclist	60226
9	地面箭头	直行标线	forward	27114
10		左转标线	left	3889
11		右转标线	right	4077
12		直行或左转标线	forward_l	2054
13		直行或右转标线	forward_r	4722
14		掉头标线	turn_around_l	535
15		路障	roadblock	19666
16		警示牌	warning_sign	994
17		斑马线	crosswalk	24150
18		减速带	deceleration_zone	1670
19~251		交通指示牌		135252
总计		总计197364张,1053168个标注框		

数据集详细类别示意图如图3-3所示。

（2）数据集数据类型情况

数据集按数据类型分为视频连续帧标注数据、散列图像标注数据两大部分。面向城市道路的自动驾驶视觉目标检测数据集按数据类型统计后的概况如表3-2所示。

图 3-3 数据集详细类别示意图

表 3-2 数据集数据类型统计概况

类型	序号	重点扩充类别	共计/张	标注框/个	备注
散列图像数据	0	全类别	9176	96886	包含常见通用数据 9176 张,按不同类别作为主类专项扩充数据 46033 张,共 55209 张
	类别 1～233	主要为扩充交通指示牌,包括禁止通行、停车检查、会车让行、减速让行、限高、限速、限重、限宽等 233 类,标注了典型目标	36033	233698	
	类别 233～251	主要为扩充典型目标,包括交通指示灯、各类车辆、各类人员、路障、地面标线、警示牌、斑马线、减速带等 18 类	10000	42678	

续表

类型	序号	重点扩充类别	共计/张	标注框/个	备注
视频连续帧数据	视频序号：1~100	交通指示牌，包括禁止通行、停车检查、会车让行、减速让行、限高、限速、限重、限宽等共计 233 类	142155	34797	包含采集连续视频 100 个，共 5h 8min 13s，共 142155 张
		包括交通指示灯、各类车辆、各类人员、路障、地面标线、警示牌、斑马线、减速带等共计 18 类		645109	
总计		251 类	197364	1053168	

视频连续帧标注数据以视频作为数据保存形式，可供目标检测网络和需要连续信息的目标检测网络训练及验证使用。该数据按连续帧标注，该部分共采集 100 个视频，总时长 5h 8min 13s，视频切帧后图像 142155 张，共标注 679906 个标注框，如图 3-4 和图 3-5 所示。

图 3-4 采集的视频数据概览

图 3-5 单个视频连续帧数据概览

散列图像标注数据按 251 类的类别划分,主要用于扩充数量不足的类别,共计 55209 张,373262 个标注框,如图 3-6 所示。

图 3-6 部分散列图像数据展示

(3)数据集的功能划分与标注

数据集样本规模为 197364 张,标注框数量为 1053168 个,使用时按照常用的分配比例 6:2:2 来划分训练集、验证集和测试集。根据这种划分方法得到的训练集图片有 118418 张,验证集图片有 39473 张,测试集图片有 39473 张。此外,还对部分含车牌等隐私信息的数据进行了马赛克遮挡及清洗处理,该版本训练集图片有 97829 张,验证集图片有 32731 张,测试集图片有 32802 张。

上述数据全部为人工手动标注，采用的标注软件是 LabelImg。LabelImg 标注软件界面如图 3-7 所示，该标注软件界面简洁、功能全面、操作简单，标签的导出格式可选择 YOLO 和 VOC 两种通用格式。本数据集采用的导出格式一律为 VOC 格式，其标签文件的后缀名为 xml，可以用于大多数主流网络模型的训练、验证、测试。

图 3-7　LabelImg 标注软件界面

3.3　噪声干扰测试数据集构建

为测试模型在复杂道路环境下的抗干扰能力，在面向城市道路的自动驾驶视觉目标检测数据集的基础上，引入不同类别和不同程度的噪声干扰，通过图像运动模糊干扰算法、图像椒盐信号噪声干扰算法、图像强光干扰算法、图像弱光干扰算法、图像逆光曝光干扰算法、图像 AI 对抗干扰算法生成多维度噪声干扰数据，后续在该数据上对模型实施噪声干扰测试。经数据增强后的干扰噪声数据种类多样，贴近实际自动驾驶高干扰场景，为测试模型在极端情况下的抗干扰能力提供了数据支持。

（1）图像运动模糊干扰

车辆在加速行驶过程中，由于相机跟随运动导致图像线性模糊，干扰了目标检测模型对关注目标的检测。为测试目标检测模型对运动模糊干扰的抵抗能力，需在原始数据集上引入运动模糊干扰，生成运动模糊数据用以测试。

利用基于 OPENCV 数据增强工具 Albumentations 中的 MotionBlur 函数对图像实施模糊操作。

函数：motion_blur（image，degree，angle）。

参数：image—图片，degree—模糊程度，angle—模糊角度。

运动模糊由高速行驶导致，此过程中自动驾驶及视觉目标检测捕捉图像的方向为前向，因此模糊角度参数选取180°。不同模糊角度的运动模糊效果如图3-8所示。

模糊角度135°效果　　　　　　模糊角度180°效果　　　　　　模糊角度225°效果

图3-8　不同模糊角度的实验效果

不同的模糊程度参数所造成的干扰效果不同，选取过小的模糊程度参数干扰作用效果较小，选取过大的模糊程度参数效果将失真，选取不同的模糊程度参数进行实验验证，结果如图3-9所示。

模糊程度参数degree=5　　　　模糊程度参数degree=10　　　　模糊程度参数degree=15

模糊程度参数degree=20　　　　模糊程度参数degree=25　　　　模糊程度参数degree=30

图3-9　不同模糊程度的实验效果

经上述实验验证，当模糊角度参数 angle＝180°、模糊程度参数 degree＝15 时产生的干扰图像与低速运动模糊图像相近，当模糊角度参数 angle＝180°、模糊程度参数 degree＝20 产生的干扰图像与高速运动模糊图像相近，具体效果如图3-10 所示。

原始数据　　　　　　　低速运动模糊干扰示例　　　　　高速运动模糊干扰示例

图3-10　引入图像运动模糊干扰数据示例

具体数据生成方法如下:

① 根据上述实验分析设定数据干扰参数,该参数设定可模拟低速运动模糊干扰与高速运动模糊干扰,如表 3-3 所示。

表 3-3 运动模糊数据集构建参数

组数	模糊方向参数 angle	模糊程度参数 degree
1	180°	15
2	180°	20

② 对图像实施上述参数的模糊操作,具体过程如下:

a. 利用线性方程模拟前向运动模糊,计算线性模糊滤波器;

b. 对原始图像施加二维卷积操作,生成模糊后图片。

③ 通过以上的参数对原始数据集引入图像运动模糊干扰。

(2)图像椒盐信号噪声干扰

车辆在行驶过程中,由于车载相机采集到的图像信号受电磁或元器件噪声影响,导致图像出现随机性黑点或白点,干扰了目标检测模型对关注目标的检测。为测试目标检测模型对抗图像椒盐信号噪声的能力,需在原始数据集上引入图像信号噪声,生成图像信号噪声数据用以测试。

利用基于 OPENCV 标准数据增强工具中的 spNoisy 函数对图像实施信号噪声干扰操作,其参数为噪声密度。不同的噪声密度参数所造成的干扰效果不同:选取过小的噪声密度参数干扰作用效果较小;选取过大的噪声密度参数效果将失真。选取不同的噪声密度参数进行实验验证,结果如图 3-11 所示。

噪声密度5%

噪声密度10%

噪声密度15%

噪声密度20%

噪声密度25%

噪声密度30%

图 3-11 不同信号噪声密度的实验效果

经上述实验验证,当噪声密度参数为 0.1 时产生的干扰图像与低信号噪声图像相近,当噪声密度参数为 0.25 时产生的干扰图像与高信号噪声图像相近,具体效果如图 3-12 所示。

原始数据　　　　　　　低信号噪声干扰示例　　　　高信号噪声干扰示例

图 3-12　引入图像椒盐噪声干扰数据示例

具体数据生成方法如下：

① 根据上述实验分析设定数据干扰参数——噪声密度 0.1、0.25，该参数设定可模拟低信号噪声干扰与高信号噪声干扰；

② 通过以上的参数对原始数据集引入图像椒盐噪声干扰。

（3）强弱光干扰

车辆在行驶过程中，由于周边环境跟随变化，导致图像亮度与对比度呈现剧烈变化。为测试目标检测模型对抗强弱光干扰的能力，引入强弱光干扰，生成强弱光干扰数据用以测试。不同的色彩空间变换参数所造成的干扰效果不同，选取过小的色彩空间变换参数干扰作用效果较小，选取过大的色彩空间变换参数效果将失真，选取不同的色彩空间变换参数进行实验验证，结果如图 3-13 所示。

弱光干扰

强光干扰

色彩空间变换50%　　色彩空间变换40%　　色彩空间变换30%　　色彩空间变换20%　　色彩空间变换10%

图 3-13　不同强弱光变换实验效果

经上述实验验证，当色彩空间变换为 20% 时产生的干扰图像与低强弱光干扰图像相近，当色彩空间变换为 40% 产生的干扰图像与高强弱光干扰图像相近，具体效果如图 3-14 所示。

① 根据上述实验分析设定数据干扰参数——色彩空间变换 20%、40%，该参数设定可模拟低强弱光干扰与高强弱光干扰；

② 通过以上的参数对原始数据集引入强弱光干扰。

（4）逆光曝光干扰

车辆在行驶过程中，时常出现迎着阳光行驶的情况，导致图像以中心为圆心，亮度与对比度呈现剧烈变化，且随着图像中心的距离变大而衰弱。为测试目标检测模型对抗逆光曝光干扰的能力，需在原始数据集引入逆光曝光干扰，生成逆光曝光干扰数据用以测试。

图 3-14 引入图像强弱光干扰数据示例

逆光曝光是由于太阳等因素使得车辆正对强光源导致的高干扰场景，该场景图像特点为曝光区域近似圆形，中心亮度巨变，呈散射状衰减。不同的曝光参数所造成的干扰效果不同，选取过小或过大的曝光参数效果将失真，选取不同的曝光参数进行实验验证，效果如图 3-15 所示。

曝光参数50　　　　曝光参数100　　　　曝光参数150　　　　曝光参数200

图 3-15　不同曝光参数的实验效果

经上述实验验证，当曝光参数为 100 时，产生的干扰图像与逆光曝光实际图像相近，具体效果如图 3-16 所示。

图 3-16　引入图像逆光曝光干扰数据示例

数据集构建方法如下：
① 根据上述实验分析设定曝光参数 $\alpha=100$。

② 对图像输入像素 $f(x,y)$ 进行亮度与对比度变化，获得变换像素 $g(x,y)$，所设计的逆光曝光计算公式如下：

$$g(x,y)=f(x,y)+\min\left[0,\alpha\times\left(1-\frac{d}{\min(l/2,h/2)}\right)\right]$$

③ 通过以上参数对原始数据集进行强弱光干扰引入。

（5）AI 对抗干扰

AI 对抗干扰是在了解检测模型结构的前提下，训练对抗图案，粘贴在关注目标物体上，导致目标检测模型对关注目标检测失效。为了测试目标检测模型对抗 AI 对抗干扰的能力，需在原始数据集引入 AI 对抗干扰，生成 AI 对抗干扰数据集用以测试，如图 3-17 所示。构建步骤如下：

① 基于训练集训练出对抗补丁图案与相关参数（旋转、平移、放缩等）；

② 获取目标检测系统在原测试集运行后的目标定位信息，并基于定位信息施加相应对抗补丁；

③ 依次对原测试集图片内目标引入对抗补丁，生成 AI 对抗干扰数据。

图 3-17　引入 AI 对抗干扰数据示例

综上所述，在构建面向城市道路的自动驾驶视觉目标检测数据集的基础上，针对自动驾驶场景中容易出现的图像运动模糊、图像椒盐噪声、强光、弱光、逆光曝光以及 AI 对抗等干扰场景，通过数据增强算法进一步构建了面向城市道路的自动驾驶视觉目标检测噪声干扰测试数据集，为高抗扰性目标检测模型的抗干扰性测试提供了数据支撑。

面向城市道路的自动驾驶视觉目标检测噪声干扰测试数据集含有白天＋晴天＋图像模糊噪声干扰、白天＋晴天＋图像椒盐噪声干扰、白天＋晴天＋强光干扰、白天＋晴天＋逆光曝光干扰、白天＋晴天＋弱光干扰、白天＋晴天＋AI 对抗干扰、白天＋逆太阳光＋图像椒盐噪声干扰、白天＋逆太阳光＋AI 对抗干扰、白天＋进出隧道＋图像椒盐噪声干扰、白天＋进出隧道＋AI 对抗干扰、白天＋雨天＋图像模糊噪声干扰、白天＋雨天＋图像椒盐噪声干扰、白天＋雨天＋进出隧道＋图像模糊噪声干扰、白天＋雪天＋图像模糊噪声干扰、白天＋雪天＋图像椒盐噪声干扰、白天＋雾霾天＋图像模糊噪声干扰、白天＋雾霾天＋图像椒盐噪声干扰、白天＋雾霾天＋AI 对抗干扰、傍晚＋逆太阳光＋图像模糊噪声干扰、傍晚＋逆太阳光＋AI 对抗干扰、傍晚＋雾霾天＋图像模糊噪声干扰、傍晚+雾霾天+弱光干扰、傍晚+雾霾天+AI对抗干扰、傍晚+远光灯照射+图像椒盐噪声干扰、夜间+图像模糊噪声干扰、夜间+弱光干扰、夜间+AI对抗干扰、夜间+雾天+图像椒盐噪声干扰、夜间+雾天+AI对抗干扰、夜间+雨天+图像模糊噪声干扰、夜间+雨天+图像椒盐噪声干扰、夜间+雨天+AI对抗干扰、夜间+远光灯照射+图像椒盐噪声干扰等自动驾驶噪声干扰场景，效果示例如图3-18所示。

图 3-18　自动驾驶目标检测噪声干扰测试数据效果示例

3.4　面向城市道路的自动驾驶视觉目标检测数据集特点

本章结合城市道路自动驾驶需求构建了面向城市道路的自动驾驶视觉目标检测数据集。该数据集针对城市环境下我国交通标志与自动驾驶典型目标，共计251类，197364张，1053168个标注框，用于目标检测模型的训练、验证及测试。该数据集类别覆盖全面，采集目标范围涵盖233类交通标志及18类自动驾驶典型目标。为扩充面向城市道路的自动驾驶目标检测数据集的场景多样性，本书重点采集扩充了特大型城市复杂路况、夜间行驶、逆阳光行驶、进/出隧道、雾天行驶、沙尘天气行驶、雨天行驶、雪天行驶等多种特殊场景的数据。

为测试模型在噪声干扰场景下的目标检测性能，在此数据集的基础上，通过多种干扰数据增强算法定量化引入了不同类别、不同程度的干扰，进一步构建了面向城市道路的自动驾驶视觉目标检测噪声干扰测试数据集，专用于测试模型在噪声干扰环境下的抗扰性，为复杂道路场景下的高抗扰性目标检测模型测试提供了有力的数据支撑。

第4章
仿视觉皮层的目标检测网络构建

第4章 仿视觉皮层的目标检测网络构建

4.1 视觉皮层信息处理功能简介

从生物视觉信号的传导通路上来说，双眼视网膜采集到的视觉信息通过视神经传导在视交叉汇合，分别传入两侧的视束，与知觉相关的信号传入外侧膝状体，外侧膝状体进一步将信息传入初级视觉皮层，由此开始大脑皮层对视觉信息的处理。初级视觉皮层，又称为 V1 层，是大脑皮层的重要组成部分，是一系列和视觉有关的大脑皮层中的第一个，在大脑视觉信息处理中起到至关重要的作用。从大脑皮层构成上，初级视觉皮层一共可分为 6 层，由浅到深依次编号为第 1、2、3、4、5、6 层。外侧膝状体将视觉信号传入初级视觉皮层的第 4 层（也有少量传至第 1、6 层）。初级视觉皮层第 4 层的细胞，向第 2、3 层传递强烈的信号（同时也向第 5、6 层传递微弱信号）。第 2、3 层细胞向第 5 层传递信号，第 5 层又把信号传回第 2、3 层。同时，第 2、3 层向其他脑区传递了强烈的视觉信号，从此，经过 2、3 层处理的视觉信号离开了初级视觉皮层，到达更高级的皮层区域。第 6 层向外侧膝状体传递了自上而下的"反馈"信号。

4.2 受初级视觉皮层启发的预处理模型构建

受初级视觉皮层启发的预处理模型的主要功能是通过模拟人类大脑中的初级视觉感知皮层的信息处理机理对输入图像进行预处理，提高目标检测系统的鲁棒性。如图 4-1 所示，受初级视觉皮层启发的预处理模型包括预处理模块 1、VOneBlock 层和特征融合层。输入图像同时输入到预处理模块 1 和 VOneBlock 层中，经过预处理模块 1 和 VOneBlock 层处理后输出的特征再输入到特征融合层中，特征融合层主要功能是对预处理模块 1 和 VOneBlock 层输出的特征进行融合并输出预处理后的特征。

图 4-1 仿初级视觉感知预处理层的组成图

特征融合层的计算公式为，

$$O = I_1 + I_2$$

式中，I_1 和 I_2 分别为预处理模块 1 和 VOneBlock 层输出的特征图矩阵，矩阵 I_1 和 I_2 的尺寸相同，均为 $H \times W \times C \times B$。$H$、$W$、$C$、$B$ 分别为特征图的高度、宽度、通道数和输入图像数量。

如图 4-2 所示，预处理模块 1 由 Focus 层和 Conv 卷积层组成，Focus 层对输入图像进行隔行采样与堆叠处理，得到下采样后的特征图。Conv 卷积层对 Focus 层输出的下采样后的特征图进行压缩处理，得到压缩后的特征。

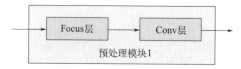

图 4-2　预处理模块 1 的组成图

Conv 层由 2D 卷积模块、批归一化模块以及非线性激活模块组成，如图 4-3 所示。

图 4-3　Conv 层的组成图

Focus 层采用切片操作把高分辨率的图片或特征图拆分成多个低分辨率的图片或特征图，然后将 $4\times4\times3$ 的张量通过间隔采样拆分成 4 份，在通道维度上进行拼接生成 $2\times2\times12$ 的张量。Focus 层将 w-h 平面上的信息转换到通道维度，再通过卷积的方式提取不同特征，采用这种方式可以减少下采样带来的信息损失。

VOneBlock 层由固定权重的 Gabor 滤波器组成，是一个权重和参数确定的、可模拟初级视觉皮层中由简单细胞和复杂细胞组成的视觉信息处理过程的神经网络模型。仿初级视觉感知预处理模块以简单和复杂细胞神经元的形式，以卷积、非线性和随机噪声生成三个连续的过程进行处理。该模块的第一层是一个参数确定的 Gabor 卷积层，层中的参数通过大脑 V1 区域的信号方向、峰值频率和感受野的大小及形状进行拟合，可以模拟大脑 V1 区域的脑波反应信号的效果。Gabor 函数是一个用于边缘提取的线性滤波器。Gabor 滤波器的频率和方向表达同人类视觉系统类似，该滤波器由实部和虚部组成，二者相互正交，一组不同频率不同方向的 Gabor 函数数组对于图像特征提取非常有用。有研究表明，对于同一视觉信息的输入，灵长类动物 V1 区的脉冲神经信号每次都会产生一些随机的变化，通过在猕猴大脑视觉皮层区域上进行的一些实验，发现大脑神经信号的变化规律可以用泊松分布来描述。

基于上文提到的初级视觉皮层机制，本章构建了多尺度、多层级、多通路的仿视觉皮层目标检测模型框架，通过有效融合 VOneBlock 层的抗干扰特征，经过多层级、多通路深度神经网络模块进一步获取丰富语义特征，从大、中、小三个尺度生成多尺度的目标检测结果，从而模拟人类视觉感知皮层的信息处理过程。

本章构建了两个仿视觉皮层的目标检测网络模型，分别为类脑目标检测模型 v0 版和类脑目标检测模型 v1 版，具体如下。

类脑目标检测模型 v0 版的模型框架如图 4-4 所示，由主干网络和头部网络组成。其中，主干网络包括仿初级视觉感知预处理层、Conv 层、C3 层、SPP 层，头部网络包括 Concat 层、C3 层、Conv 层、检测层、上采样层。类脑目标检测模型 v0 版的核心部分是主干网络中的仿初级视觉感知预处理层，主要由基于固定权重的 Gabor 滤波器组、非线性变换以及随机响应等组成,该层可模拟大脑初级视觉皮层的视觉信息处理过程。

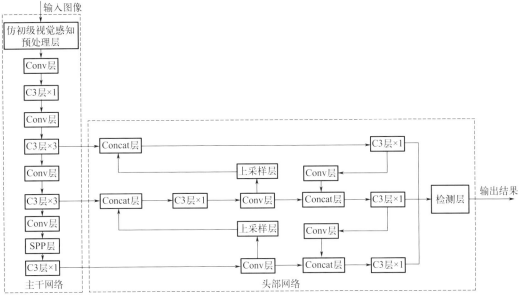

图 4-4 类脑目标检测模型 v0 版

类脑目标检测模型 v1 版与类脑目标检测模型 v0 版的区别是 v1 采用了 SPPF 层（图 4-5），SPPF 层是在 SPP 层基础上进行的改进,其功能是：在池化之前,先对每个区域进行卷积操作,并将卷积结果和池化结果拼接起来作为特征输出,可保留更多的局部特征信息,进一步提升模型性能。

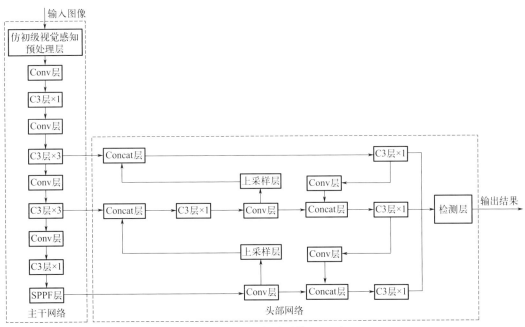

图 4-5 类脑目标检测模型 v1 版

4.3 性能对比结果分析

本节将对类脑目标检测模型 v0 版、类脑目标检测模型 v1 版、类脑目标检测模型 MIT 版以及 YOLOv5 模型进行性能对比分析。

4.3.1 性能对比基准模型介绍

（1） YOLOv5 目标检测模型

YOLOv5 目标检测模型是 Ultralytics 公司最新推出的世界最先进的目标检测开源模型之一，根据模型参数量规模大小分为 YOLOv5（s 版）、YOLOv5（m 版）、YOLOv5（l 版）、YOLOv5（x 版）。本章采用 YOLOv5（s 版）作为性能对比基准模型。YOLOv5（s 版）目标检测模型框架如图 4-6 所示。

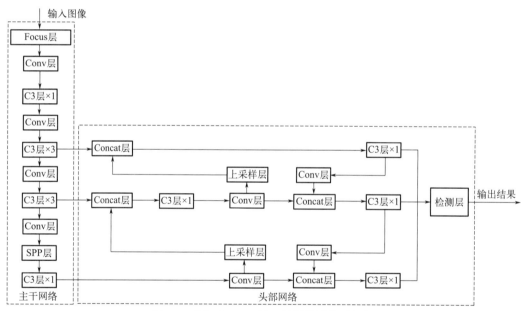

图 4-6 YOLOv5（s 版）目标检测模型框架

（2）类脑目标检测模型 MIT 版

类脑目标检测模型 MIT 版是在 YOLOv5 目标检测模型基础上将主干网络中的 Focus 层直接替换为麻省理工学院提出的 VOneBlock 层，其模型框架如图 4-7 所示。

4.3.2 基于 COCO 数据集的性能评估

COCO 数据集的全称是 Microsoft Common Objects in Context，起源于微软于 2014 年

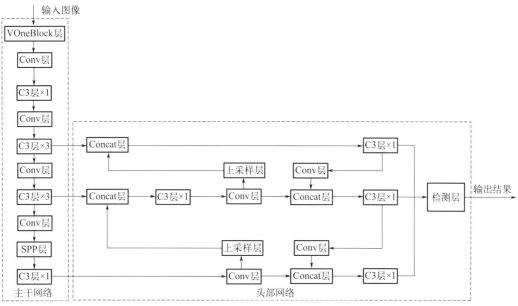

图 4-7 类脑目标检测模型 MIT 版模型框架

出资标注的 Microsoft COCO 数据集,与 ImageNet 竞赛一样,被视为计算机视觉领域的权威。COCO 数据集是一个大型的、丰富的物体检测、分割和字幕数据集。这个数据集以 scene understanding(场景理解)为目标,主要从复杂的日常场景中截取,图像中的目标通过精确的 segmentation(分割)进行位置的标定。图像包括 91 类目标,328,000 影像和 2,500,000 个 label(标签)。到目前为止有语义分割的最大数据集,提供的类别有 80 类,有超过 33 万张图片,其中 20 万张有标注,整个数据集中个体的数目超过 150 万个。最新版本是 COCO 2017 数据集,其中的目标检测数据集包含 80 个类别,训练集有 118287 张,验证集有 5000 张。COCO 数据集简介见表 4-1。

表 4-1 COCO 数据集简介

年份	训练集数量/张	验证集数量/张	类别
COCO 2014	82783	40504	'person','bicycle','car','motorcycle','airplane','bus','train','truck','boat','traffic light','fire hydrant','stop sign','parking meter','bench','bird','cat','dog','horse','sheep','cow','elephant','bear','zebra','giraffe','backpack','umbrella','handbag','tie','suitcase','frisbee','skis','snowboard','sports ball','kite','baseball bat','baseball glove','skateboard','surfboard','tennis racket','bottle','wine glass','cup','fork','knife','spoon','bowl','banana','apple','sandwich','orange','broccoli','carrot','hot dog','pizza','donut','cake','chair','couch','potted plant','bed','dining table','toilet','tv','laptop','mouse','remote','keyboard','cell phone','microwave','oven','toaster','sink','refrigerator','book','clock','vase','scissors','teddy bear','hair drier','toothbrush'
COCO 2017	118287	5000	

在公开数据集 COCO 2017 的训练集下对类脑目标检测模型 v0 版、类脑目标检测模型 v1 版以及类脑目标检测模型（MIT 移植版）进行模型训练，采用 2 块 NVIDIA RTX 3090 计算单元进行单机多卡并行训练，训练回合数 epochs 设置为 300。为了保证与现有模型 YOLOv5 的公平比较，模型训练过程的损失函数和超参数设置与 YOLOv5 的模型训练配置保持一致。其中，YOLOv5 在 COCO 2017 训练集下的模型权值文件采用 Ultralytics 公司提供的官方版本。

类脑目标检测模型 v0 版、类脑目标检测模型 v1 版、类脑目标检测模型（MIT 移植版）以及 YOLOv5 在 COCO 2017 数据集下性能对比如表 4-2 所示。

表 4-2　不同模型在公开数据集 COCO 2017 下目标检测模型性能对比

网络模型		平均精度均值 mAP@0.50	平均精度均值 mAP@0.50:0.95	网络参数规模（数量）	目标检测信息处理时间（RTX2060）
高抗扰性目标检测模型	类脑目标检测 v0 版	0.563	0.371	7.5M	9.0ms
	类脑目标检测 v1 版	0.571	0.378	7.5M	8.9ms
对比基准模型	YOLOv5	0.554	0.367	7.3M	4.4ms
	类脑目标检测（MIT 移植版）	0.328	0.192	7.4M	6.9ms

由表 4-2 可知，类脑目标检测模型 v0 版、类脑目标检测模型 v1 版在 COCO 2017 验证集下的平均精度均值 mAP@0.50 均优于现有模型 YOLOv5。

类脑目标检测模型 v1 版的 mAP@0.50 比 YOLOv5 提升了 0.017，相对提升百分比为 3.07%。类脑目标检测模型 v1 版的 mAP@0.50 比类脑目标检测（MIT 移植版）提升了 0.243，相对提升百分比为 74.09%。

问题点睛

问题：仿初级视觉皮层（V1）模型为何会提升目标检测的鲁棒性？

解答：人类的视觉系统相对于机器视觉系统具有更好的鲁棒性，生物体先天获得的环境适应能力、经验知识、上下文信息以及持续学习的能力是人类视觉系统高鲁棒性的关键。在生物体进化过程中，人类的视觉系统逐渐发展出对各种环境的适应能力，包括物体的变形、遮挡、光照条件变化以及环境噪声干扰等诸多方面，同时还具有极强的感知和认知能力，能够对物体形状、颜色、纹理等信息进行深入理解，并将这些信息整合为对物体的抽象概念，实现对环境中各种信息的快速鲁棒识别和分析。例如，处于幼儿阶段的人类在见过几次同类物体后，即具备了在各类干扰环境下快速鲁棒识别该类别物体的能力，整个判断过程快速、准确。此外，人类的视觉系统还能借助已有的经验知识和上下文信息来辅助视觉识别任务，这也使得其在复杂环境下的鲁棒性和环境适应性表现得更为出色。虽然机器视觉技术在近年来取得了很大进展，但与人类的视觉系统相比，仍然存在着一定的差距，机器视觉系统需要事先进行大量的训练，并针对特定场景进行调整和优化，尚不能像人类的视觉系统那样轻松地适应各种环境。

初级视觉皮层在人类的视觉系统中具有非常重要的作用，它是人类大脑视觉皮层中最早接收和处理外界视觉信息的区域，能够提取基本的视觉特征，并且对于不同的视觉信息具有较好的鲁棒性和适应性，是构成更高层次的视觉特征和物体识别的基础。首先，初级视觉皮层，又称为 V1 层，是人类视觉系统中对外部世界进行感知的第一站，它接收并初步加工眼睛传来的由形状、颜色、深度、运动等基本元素组成的图像信息。进一步，初级视觉皮层中的神经元可以提取出图像信息中的边缘、角点、线条、方向等基本的视觉特征，这些基本的视觉特征对于物体形状、纹理和边界等信息都具有重要的作用，是构成更高层次的视觉特征和物体识别的基础。因此，在设计机器视觉系统时，可以考虑基于初级视觉皮层机制对图像中这些基本的视觉特征进行提取，并在其基础上使用卷积神经网络等方法进行高层次的物体识别、分类和检测等任务。此外，初级视觉皮层对于不同的视觉信息具有较好的鲁棒性和适应性，即可以有效地适应光照条件、背景干扰和噪声等因素的干扰，从而更好地保证视觉系统的稳定性和可靠性。并且，初级视觉皮层与其他脑区之间存在大量的连接和相互作用，例如与 V2、V4、IT 等高级视觉皮层进行信息交流，与运动皮层和空间感知区域进行协调，这些连接和相互作用为不同脑区的协同工作提供了基础，实现了视觉信息的全面处理和分析。受初级视觉皮层机制启发构建的仿初级视觉皮层模型，通过模拟人类大脑初级视觉皮层的视觉信息处理过程，并且引入人类视觉系统先天的经验知识，为机器视觉系统赋能，从而提高目标检测系统的鲁棒性。仿初级视觉皮层模型主要由生物学约束的 Gabor 滤波器组成。首先，Gabor 滤波器是一种用于提取图像中局部空间频率和方向特征的滤波器，其具有可调整的中心频率、方向选择性和带宽等特性，具有多尺度和多方向选择性，可以同时对不同方向、不同尺度的图像进行滤波，滤波后的特征具有更强的表达能力。初级视觉皮层中的简单细胞和复杂细胞也表现出类似的特性，对于特定方向和空间频率的刺激非常敏感，并在不同的位置和方向上具有一定的位相和尺度不变性。因此，在设计卷积神经网络时，采用 Gabor 滤波器来模拟初级视觉皮层的视觉信息处理过程，通过对于不同方向和空间频率的特征进行卷积操作，可以逐层提取出更加抽象和高层次的特征，完成图像的物体识别、分类和检测等任务。其次，在设计 Gabor 滤波器以及相应的卷积神经网络过程中，引入人类视觉系统先天的经验知识，即将仿初级视觉皮层模型中的网络权值参数替换为初级视觉皮层中的生物学经验参数，该部分经验参数取自于神经生物学领域中大脑初级视觉皮层的最新研究成果，以便更好地模拟人类视觉系统获得的环境适应能力。

综上所述，仿初级视觉皮层模型可以利用其拟人化的特征提取能力和特征空间的映射关系，来模拟人类视觉系统的视觉信息处理过程和能力，为机器视觉系统赋能，从而提高机器视觉中目标检测系统的鲁棒性和环境适应性。

第5章 基于视觉注意原理的目标检测网络能力提升

如何在仿初级视觉皮层目标检测模型基础上，通过引入大脑认知注意机制来模拟符合人类面对视觉显著信息的提取过程，实现对道路上常见的图像噪声干扰信息的抑制，进而增强感兴趣目标的特征提取能力是本章的重要研究内容。本章构建了以坐标注意力模块为基础的视觉注意层，并融合到仿初级视觉皮层目标检测网络模型中，可进一步提升目标检测模型的准确性和鲁棒性。

5.1 人类视觉注意机制概述

人类的视觉注意机制在处理视觉数据时，会迅速将注意力集中在场景中的重要区域上，这一选择性感知机制使人类在处理复杂的视觉信息时能够抑制不重要的刺激，为更高层次、更复杂的视觉感知任务提供更易于处理且更相关的视觉信息。人类的视觉注意机制分为两类，分别是自底向上的注意力和自顶向下的注意力。人类视觉注意机制信息处理通路如图 5-1 所示，图中虚线和点画线箭头分别表示自底向上和自顶向下的信号处理通路。

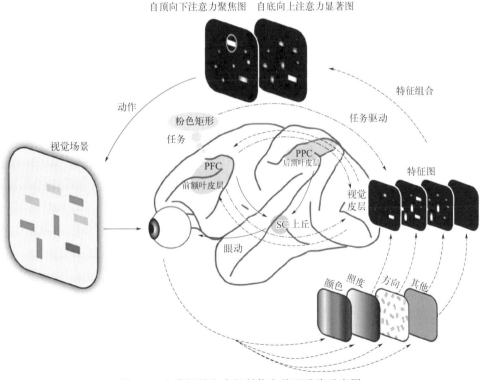

图 5-1　人类视觉注意机制信息处理通路示意图

自底向上的注意力是一种基于外部刺激驱动的注意力，与任务无关。这种注意力会自动地被获取的视觉信息中突出的、显著的刺激所吸引。这些刺激包括颜色、亮度、边缘等特征。自底向上的注意力也称为基于显著性的注意力，更加关注输入图像中的局部信息。

自顶向下的注意力是一种基于任务驱动的注意力。这种注意力是由任务或认知目标驱动，在大脑的前额叶皮层和后顶叶皮层根据当前任务或认知目标对视觉通路中的视觉信息进行调控。自顶向下的注意力能够有选择地关注特定的视觉信息，并在复杂的场景中过滤掉无关的信息，也称为聚焦式注意力，更加关注输入图像中的全局和上下文信息。

5.2 坐标注意力模块构建

受注意机制的启发，通过设计注意力模块，能够使深度神经网络关注图像中与目标检测任务最相关的部分。本章通过设计一个将位置信息嵌入到通道注意力中的视觉注意力模块来模拟人类自顶向下、任务相关的视觉注意机制，提升网络关注重要目标特征信息、抑制次要特征信息的能力，进而提升目标检测的准确性和鲁棒性。

视觉注意力模块受人类大脑认知注意机制对显著视觉信息进行筛选的启发，通过对图像中目标的主要特征赋予更高的学习权重实现对重要目标特征信息的增强，同时抑制次要特征信息，从而有效降低环境干扰与噪声对主体目标的影响，进一步提升目标检测的准确性。

经典的 SE 注意力算法有效地编码了特征图的通道之间的内在依赖关系，然而，它只考虑编码了通道之间的内在信息，却忽略了对于目标检测任务至关重要的位置信息。CBAM 注意力算法通过利用大尺度卷积引入了空间信息，然而，卷积仅能获取局部的空间位置关系，但无法获取空间位置之间的远程依赖关系。

本章研究的视觉注意力采用了坐标注意力模块模拟人类自顶向下、任务相关的视觉注意机制，如图 5-2 所示，该坐标注意力模块将位置信息嵌入到通道注意力中。为了降低二维全局池化引起的位置信息丢失，坐标注意力模块将通道注意力分解为两个并行的一维特征编码过程，有效地将空间坐标信息融合到生成的注意力图中。具体来讲，坐标注意力模块利用两个一维全局平均池化操作分别将输入特征图沿垂直和水平方向聚合成两个独立的能够感知方向的特征图，然后将这两个嵌入特定方向信息的特征图编码为两个注意力图，每个注意力图捕获输入特征图沿一个空间方向的远程依赖关系，因此，坐标位置信息能够保留在生成的注意力图中。上述两个注意力图能够互补地应用于输入特征图以增强重要目标特征。坐标注意力模块适合应用于轻量化的目标检测网络中。

坐标注意力模块通过以下两个步骤利用精确的位置信息对通道关系和远程依赖关系进行编码，分别是坐标信息嵌入和坐标注意力生成。

（1）坐标信息嵌入

全局池化常用于通道注意力中，以对全局空间信息进行编码，但它将全局空间信息压缩到一个通道描述子中，难以保留位置信息，然而位置信息对于在目标检测任务中捕获空间结构信息而言至关重要。为了实现利用精确的位置信息在空间上捕获远程交互，

第 5 章 基于视觉注意原理的目标检测网络能力提升

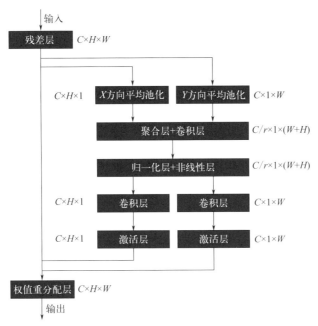

图 5-2 坐标注意力模块原理框图

将全局池化分解为两个一维特征编码的操作，分别利用尺寸为（H，1）和（1，W）的池化核沿着水平坐标和垂直坐标对输入特征图 X 的每个特征通道信息进行编码。因此，对于第 c 个通道，高度为 h 的输出特征可表示如下：

$$z_c^h(h) = \frac{1}{W} \sum_{0 \leqslant i < W} x_c(h,i)$$

相似地，对于第 c 个通道，宽度为 w 的输出特征可表示如下：

$$z_c^w(w) = \frac{1}{H} \sum_{0 \leqslant j < H} x_c(j,w)$$

上述两种变换分别沿着两个空间方向对输入特征图的特征进行聚合，从而使得坐标注意力模块可以沿着两个不同的空间方向分别捕获远程依赖关系和精确位置信息，能够有效地帮助目标检测网络对感兴趣目标进行定位。

（2）坐标注意力生成

经过上述坐标信息嵌入步骤，模型能够较好地获取全局感受野并编码精确的位置信息。为了使每个通道的感兴趣目标区域能够被准确地捕获，并且还能够捕获通道之间的关系，需要进行坐标注意力生成，具体如下：

① 将坐标信息嵌入步骤中获取的特征 z^h 和 z^w 进行拼接，然后利用 1×1 卷积变换函数 F_1 对拼接后的特征进行变换，生成对空间信息在水平和垂直两个方向进行编码的中间特征图 f：

$$f = \delta[F_1([z^h, z^w])]$$

式中，[·,·] 表示沿空间维度的拼接操作，δ 表示非线性激活函数。

② 将中间特征图 f 沿空间维度分解为两个张量 $f^h \in i^{C/r \times H}$ 和 $f^w \in i^{C/r \times W}$。利用

另外两个 1×1 卷积变换函数 F_h 和 F_w 分别对上述两个张量进行变换，得到具有相同通道数的特征图 g^h 和 g^w：

$$g^h = \sigma[F_h(f^h)]$$
$$g^w = \sigma[F_w(f^w)]$$

式中，σ 表示 Sigmoid 激活函数。

③ 对输出的两个特征图 g^h 和 g^w 进行扩展，将它们分别作为坐标注意力模块的权重。坐标注意力模块的输出特征图 Y 可表示如下：

$$y_c(i,j) = x_c(i,j) \times g_c^h(i) \times g_c^w(j)$$

在原始特征图上通过乘法加权计算，将得到最终在水平和垂直方向以及通道上带有注意力权重的特征图。

坐标注意力模块的网络结构如图 5-3 所示。

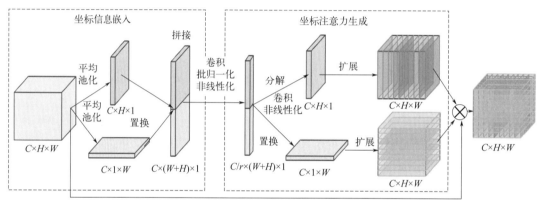

图 5-3　坐标注意力模块整体网络结构图

与仅关注重新分配不同通道重要性的通道注意力不同，坐标注意力模块还考虑了对空间信息进行编码。如上所述，沿水平和垂直方向的注意力同时应用于输入张量，两个注意力图中的每个元素反映了感兴趣的目标是否存在于图像相应的行和列中。上述编码过程使坐标注意力能够更加准确地定位感兴趣目标的精确位置，从而帮助整个模型进一步提高目标检测的鲁棒性。

5.3　基于注意机制的仿视觉皮层目标检测模型具体实现

基于上文提到的视觉注意机制，构建了融合视觉注意力的仿初级视觉皮层目标检测模型（类脑目标检测模型 v2 版）、融合视觉注意力的重参数化仿初级视觉皮层目标检测模型（类脑目标检测模型 v3 版）以及融合视觉注意力的多级仿初级视觉皮层目标检测模型（类脑目标检测模型 v4 版），如图 5-4～图 5-6 所示。

类脑目标检测模型 v2 版的模型框架由主干网络和头部网络组成。其中主干网络包括仿初级视觉感知预处理层、Conv 层、C3 层、SPPF 层、坐标注意力模块，头部网络

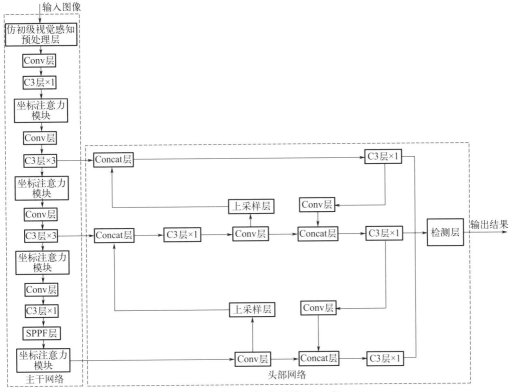

图 5-4 类脑目标检测模型 v2 版

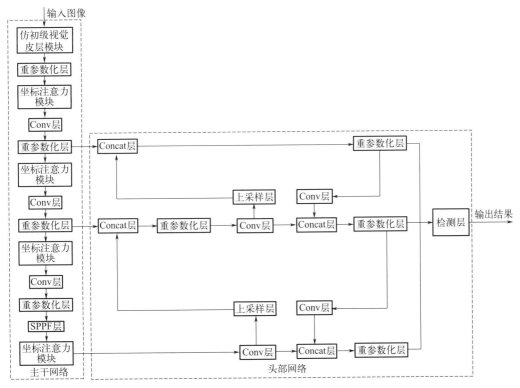

图 5-5 类脑目标检测模型 v3 版

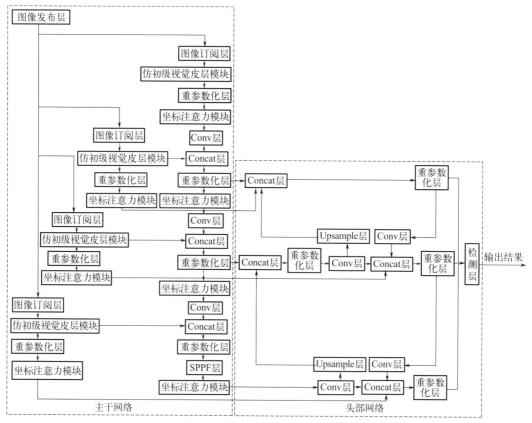

图 5-6 类脑目标检测模型 v4 版

包括 Concat 层、C3 层、Conv 层、检测层、上采样层。类脑目标检测模型 v2 版是在类脑目标检测模型 v1 版基础上,基于视觉注意机制构建了由坐标注意力模块组成的视觉注意力层,该层可模拟大脑基于注意机制对显著视觉信息的提取过程。该模型通过对图像中目标显著信息的高效提取,可以有效降低环境噪声干扰带来的影响,提升目标检测网络关注重要目标特征信息、抑制次要特征信息的能力,从而帮助整个模型进一步提升目标检测的鲁棒性。

类脑目标检测模型 v3 版在 v2 版基础上将 C3 层替换为重参数化层,重参数化层由一堆 RepVGG 模块组成,在模型推理阶段,RepVGG 模块会转换成重参数化卷积层,提升模型推理效率。

类脑目标检测模型 v4 版采用了 4 组仿初级视觉皮层模块,每组仿初级视觉皮层模块可以通过调节仿初级视觉皮层模块的卷积核等参数,得到不同尺寸的仿初级视觉特征图。且在主干网络模块中增加通道聚合层,将仿初级视觉皮层模块输出的特征图融入主干网络中,增加了主干网络中仿初级视觉皮层的有益信息,即更拟人类视觉机制处理的特征信息,具有更高的抗噪声干扰能力。同时,该模型还将仿初级视觉皮层的有益信息远距离跨层输送到目标检测模块的末端,避免了网络模型末端的信息衰减带来的性能影响,保证了仿初级视觉皮层的有益信息在整个网络模型的信息有效性,进一步提升了目标检测的鲁棒性和准确性。

5.4 性能对比结果分析

本节将对类脑目标检测模型 v0 版、类脑目标检测模型 v1 版、类脑目标检测模型 v2 版、类脑目标检测模型 v2 版（基于 SE 注意力）、类脑目标检测模型 v2 版（基于 CBAM 注意力）、类脑目标检测模型 v3 版、类脑目标检测模型 v4 版、类脑目标检测模型（MIT 移植版）以及现有模型 YOLOv5 进行性能对比分析。

5.4.1 性能对比基准模型介绍

（1）类脑目标检测模型 v2 版（基于 SE 注意力）

基于 SE 注意力的类脑目标检测模型是在类脑目标检测模型 v2 版的基础上将坐标注意力模块替换为 SE 注意力模块，其模型框架如图 5-7 所示。

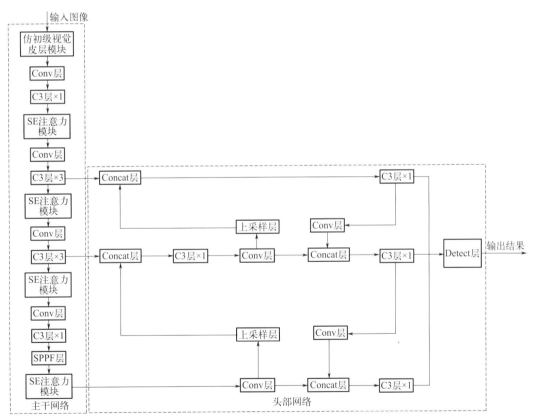

图 5-7　类脑目标检测模型 v2 版（基于 SE 注意力）

（2）类脑目标检测模型 v2 版（基于 CBAM 注意力）

基于 CBAM 注意力的类脑目标检测模型是在类脑目标检测模型 v2 版的基础上将坐标注意力模块替换为 CBAM 注意力模块，其模型框架如图 5-8 所示。

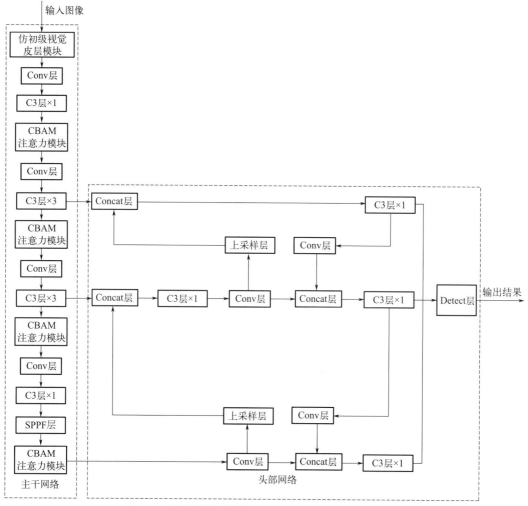

图 5-8　类脑目标检测模型 v2 版（基于 CBAM 注意力）

5.4.2　在 COCO 数据集下目标检测性能评估

（1）模型训练过程

在公开数据集 COCO 2017 的训练集下对类脑目标检测模型 v0 版、类脑目标检测模型 v1 版、类脑目标检测模型 v2 版、类脑目标检测模型 v2 版（基于 SE 注意力）、类脑目标检测模型 v2 版（基于 CBAM 注意力）、类脑目标检测模型 v3 版、类脑目标检测模型 v4 版、类脑目标检测模型（MIT 移植版）进行模型训练，采用 2 块 NVIDIA RTX 3090 计算单元进行单机多卡并行训练，训练回合数 epochs 设置为 300。为了保证与现有模型 YOLOv5 的公平比较，模型训练过程的损失函数和超参数设置与 YOLOv5 的模型训练配置保持一致。其中，YOLOv5 在 COCO 2017 训练集下的模型权值文件采用 Ultralytics 公司提供的官方版本。

（2）性能对比结果

本书研究的类脑目标检测模型 v0 版、类脑目标检测模型 v1 版、类脑目标检测模型

v2 版、类脑目标检测模型 v2 版（基于 SE 注意力）、类脑目标检测模型 v2 版（基于 CBAM 注意力）、类脑目标检测模型 v3 版、类脑目标检测模型 v4 版、类脑目标检测模型（MIT 移植版）与现有模型 YOLOv5 在 COCO 2017 数据集下性能对比如表 5-1 所示。

表 5-1 不同模型在公开数据集 COCO 2017 下目标检测性能对比

	网络模型	平均精度均值 mAP@0.50	平均精度均值 mAP@0.50:0.95	网络参数规模（数量）	目标检测信息处理时间（RTX 2060）
高抗扰性目标检测模型	类脑目标检测模型 v0 版	0.563	0.371	7.5M	9.0ms
	类脑目标检测模型 v1 版	0.571	0.378	7.5M	8.9ms
	类脑目标检测模型 v2 版	0.578	0.383	7.5M	9.4ms
	类脑目标检测模型 v3 版	0.602	0.411	18.9M	10.9ms
	类脑目标检测模型 v4 版	0.601	0.410	19.9M	13.9ms
对比基准模型	YOLOv5	0.554	0.367	7.3M	4.4ms
	类脑目标检测模型（MIT 移植版）	0.328	0.192	7.4M	6.9ms
	类脑目标检测模型 v2 版（基于 SE 注意力）	0.578	0.381	7.6M	8.9ms
	类脑目标检测模型 v2 版（基于 CBAM 注意力）	0.576	0.381	7.6M	9.6ms

由表 5-1 可知，类脑目标检测模型 v0～v4 版在 COCO 2017 验证集下的平均精度均值 mAP@0.50 均优于现有模型 YOLOv5。其中，基于坐标注意力的类脑目标检测模型 v2 版的平均精度均值 mAP@0.50 或 mAP@0.50:0.95 优于类脑目标检测模型 v2 版（基于 SE 注意力）和类脑目标检测模型 v2 版（基于 CBAM 注意力）。

同时，类脑目标检测模型 v4 版的 mAP@0.50 比 YOLOv5 提升了 0.047，相对提升百分比为 8.48%。类脑目标检测模型 v4 版的 mAP@0.50 比类脑目标检测模型（MIT 移植版）提升了 0.273，相对提升百分比为 83.23%。

因此，在 COCO 2017 公开数据集上的性能指标证明了构建的融合注意机制的仿视觉皮层目标检测模型可以提高目标检测的精度。

5.4.3 在面向自动驾驶目标检测数据集下的目标检测性能评估

（1）模型训练过程

在自建面向城市道路的自动驾驶目标检测数据集的训练集下对本书开发的类脑目标检测模型进行模型训练，采用 2 块 NVIDIA RTX 3090 显卡进行单机多卡并行训练，训练回合数 epochs 为 500。为了保证与现有模型 YOLOv5 的公平比较，模型训练过程的损失函数和超参数设置与 YOLOv5 的模型训练配置保持一致。

（2）性能对比结果

本书研究的类脑目标检测模型 v3 版、类脑目标检测模型 v4 版与对比基准模型在自建的面向城市道路的自动驾驶目标检测数据集的测试集下性能对比如表 5-2 所示。

表 5-2　面向自动驾驶目标检测数据集下目标检测性能对比

网络模型		平均精度均值 mAP@0.50	平均精度均值 mAP@0.50:0.95	网络参数规模（数量）	目标检测信息处理时间（RTX 2060）
高抗扰性目标检测模型	类脑目标检测模型 v3 版	0.823	0.586	18.9M	9.0ms
	类脑目标检测模型 v4 版	0.827	0.592	19.9M	11.5ms
对比基准模型	YOLOv5	0.748	0.536	7.7M	4.2ms
	类脑目标检测模型（MIT 移植版）	0.534	0.312	7.8M	5.6ms

由表 5-2 可知，本书研究的类脑目标检测模型 v4 版在面向自动驾驶目标检测数据集的测试集下的平均精度均值 mAP@0.50、平均精度均值 mAP@0.50：0.95 均优于现有模型 YOLOv5，其中类脑目标检测模型 v4 版的 mAP@0.50 比 YOLOv5 提升了 0.079，相对提升百分比为 10.56%。类脑目标检测模型 v4 版的 mAP@0.50 比类脑目标检测（MIT 移植版）提升了 0.293，相对提升百分比为 54.87%。

因此，在自建面向城市道路的自动驾驶目标检测数据集下的性能指标证明了构建的类脑目标检测模型比 YOLOv5 的精度更高。

5.4.4　面向自动驾驶目标检测噪声干扰测试数据集下的目标检测性能评估

（1）模型训练过程

类脑目标检测模型 v4 版与对比基准模型的训练权值文件采用上一小节中面向自动驾驶目标检测数据集的训练权值。因此，自建面向自动驾驶目标检测噪声干扰测试数据集不作为模型的训练数据，可以对类脑目标检测模型和对比基准模型在噪声干扰下的性能进行更客观的对比评估。

（2）性能对比结果

本书研究的类脑目标检测模型 v4 版与现有模型 YOLOv5 在自建面向城市道路的自动驾驶目标检测噪声干扰测试数据集下目标检测性能对比如表 5-3 所示。

表 5-3　自建面向城市道路的自动驾驶目标检测噪声干扰测试数据集下目标检测性能对比

序号	噪声干扰类型	YOLOv5 mAP@0.50	类脑目标检测模型 v4 版 mAP@0.50	与 YOLOv5 相比，mAP 提升量	与 YOLOv5 相比，mAP 相对提升百分比	与 YOLOv5 相比，mAP 相对提升百分比的均值
1	白天＋晴天＋图像模糊噪声干扰	0.727	0.872	0.145	19.94%	33.52%
2	白天＋晴天＋图像椒盐噪声干扰	0.556	0.739	0.183	32.97%	
3	白天＋晴天＋强光干扰	0.763	0.787	0.024	3.19%	
4	白天＋晴天＋逆光曝光干扰	0.658	0.677	0.019	2.94%	

续表

序号	噪声干扰类型	YOLOv5 mAP@0.50	类脑目标检测模型 v4 版 mAP@0.50	与 YOLOv5 相比，mAP 提升量	与 YOLOv5 相比，mAP 相对提升百分比	与 YOLOv5 相比，mAP 相对提升百分比的均值
5	白天＋晴天＋弱光干扰	0.652	0.685	0.033	5.11%	
6	白天＋晴天＋AI 对抗干扰	0.561	0.686	0.125	22.34%	
7	白天＋逆太阳光＋图像椒盐噪声干扰	0.227	0.356	0.129	56.68%	
8	白天＋逆太阳光＋AI 对抗干扰	0.125	0.168	0.043	34.67%	
9	白天＋进出隧道＋图像椒盐噪声干扰	0.209	0.250	0.041	19.46%	
10	白天＋进出隧道＋AI 对抗干扰	0.542	0.626	0.084	15.50%	
11	白天＋雨天＋图像模糊噪声干扰	0.620	0.650	0.030	4.89%	
12	白天＋雨天＋图像椒盐噪声干扰	0.120	0.258	0.138	115.00%	
13	白天＋雨天＋进出隧道＋图像模糊噪声干扰	0.293	0.357	0.064	21.96%	
14	白天＋雪天＋图像模糊噪声干扰	0.885	0.955	0.070	7.87%	33.52%
15	白天＋雪天＋图像椒盐噪声干扰	0.642	0.742	0.100	15.63%	
16	白天＋雾霾天＋图像模糊噪声干扰	0.749	0.840	0.091	12.19%	
17	白天＋雾霾天＋图像椒盐噪声干扰	0.456	0.633	0.177	38.82%	
18	白天＋雾霾天＋AI 对抗干扰	0.238	0.282	0.044	18.49%	
19	傍晚＋逆太阳光＋图像模糊噪声干扰	0.791	0.889	0.098	12.35%	
20	傍晚＋逆太阳光＋AI 对抗干扰	0.282	0.395	0.113	40.07%	
21	傍晚＋雾霾天＋图像模糊噪声干扰	0.762	0.895	0.133	17.45%	
22	傍晚＋雾霾天＋弱光干扰	0.331	0.369	0.038	11.58%	
23	傍晚＋雾霾天＋AI 对抗干扰	0.239	0.377	0.138	57.74%	
24	傍晚＋远光灯照射＋图像椒盐噪声干扰	0.228	0.511	0.283	124.27%	

续表

序号	噪声干扰类型	YOLOv5 mAP@0.50	类脑目标检测模型 v4 版 mAP@0.50	与 YOLOv5 相比，mAP 提升量	与 YOLOv5 相比，mAP 相对提升百分比	与 YOLOv5 相比，mAP 相对提升百分比的均值
25	夜间＋图像模糊噪声干扰	0.699	0.844	0.145	20.74%	
26	夜间＋弱光干扰	0.554	0.632	0.078	14.08%	
27	夜间＋AI对抗干扰	0.311	0.444	0.133	42.88%	
28	夜间＋雾天＋图像椒盐噪声干扰	0.177	0.312	0.135	76.08%	
29	夜间＋雾天＋AI对抗干扰	0.392	0.456	0.064	16.24%	33.52%
30	夜间＋雨天＋图像模糊噪声干扰	0.825	0.881	0.056	6.75%	
31	夜间＋雨天＋图像椒盐噪声干扰	0.226	0.404	0.178	78.91%	
32	夜间＋雨天＋AI对抗干扰	0.199	0.287	0.088	44.05%	
33	夜间＋远光灯照射＋图像椒盐噪声干扰	0.116	0.227	0.111	95.40%	

由表 5-3 可知，在自建面向城市道路的自动驾驶目标检测噪声干扰测试数据集中的白天＋晴天＋模糊噪声干扰、白天＋晴天＋椒盐噪声干扰、白天＋晴天＋强光干扰、白天＋晴天＋逆光曝光干扰、白天＋晴天＋弱光干扰、白天＋晴天＋AI对抗干扰、白天＋逆太阳光＋椒盐噪声干扰、白天＋逆太阳光＋AI对抗干扰、白天＋进出隧道＋椒盐噪声干扰、白天＋进出隧道＋AI对抗干扰、白天＋雨天＋模糊噪声干扰、白天＋雨天＋椒盐噪声干扰、白天＋雨天＋进出隧道＋模糊噪声干扰、白天＋雪天＋模糊噪声干扰、白天＋雪天＋椒盐噪声干扰、白天＋雾霾天＋模糊噪声干扰、白天＋雾霾天＋椒盐噪声干扰、白天＋雾霾天＋AI对抗干扰、傍晚＋逆太阳光＋模糊噪声干扰、傍晚＋逆太阳光＋AI对抗干扰、傍晚＋雾霾天＋模糊噪声干扰、傍晚＋雾霾天＋弱光干扰、傍晚＋雾霾天＋AI对抗干扰、傍晚＋远光灯照射＋椒盐噪声干扰、夜间＋模糊噪声干扰、夜间＋弱光干扰、夜间＋AI对抗干扰、夜间＋雾天＋椒盐噪声干扰、夜间＋雾天＋AI对抗干扰、夜间＋雨天＋模糊噪声干扰、夜间＋雨天＋椒盐噪声干扰、夜间＋雨天＋AI对抗干扰、夜间＋远光灯照射＋椒盐噪声干扰下，类脑目标检测模型 v4 版的平均精度均值 mAP@0.50 优于现有模型 YOLOv5，目标检测准确率 mAP@0.50 相对提升百分比的均值为 33.52%。因此，在面向城市道路的自动驾驶目标检测噪声干扰测试数据集下的性能指标证明了构建的类脑目标检测模型在图像噪声（模糊噪声、椒盐噪声）、强光（逆太阳光、进出隧道、远光灯照射）、弱光（傍晚、夜间）、雨天、雪天、雾霾天、AI对抗等干扰情况下比 YOLOv5 的鲁棒性更好。

问题点睛

问题：加入视觉注意机制为何会提升目标检测的性能？

解答：视觉注意机制受人类大脑认知注意机制对显著视觉上下文信息进行筛选的启发，能够让模型更加关注图像中与目标相关的重要区域，减少冗余信息的干扰，从而提高目标检测的准确性和鲁棒性。

从特征表示的角度出发，目标检测任务需要从图像中提取有用的特征，以便于对目标进行识别和定位。在传统的卷积神经网络中，特征的提取是通过对整张图像进行卷积池化操作实现的，这种方法忽略了不同区域之间的差异性。通过加入视觉注意机制，可以使得网络更加关注与目标相关的区域，从而提高特征的区分度，使模型能够更加准确地识别和定位目标。具体而言，视觉注意机制能够通过对特征图中的每个位置或每个通道进行加权实现对重要目标特征信息的增强，同时抑制次要特征信息，使网络更加关注与目标相关的特征区域，减少无关区域的干扰。

空间注意机制和通道注意机制是两类常见的视觉注意机制，它们都通过在特征图中引入注意力分布来提高特征的区分度，从而提高目标检测的性能。在空间注意机制中，注意力分布是基于特征图的空间位置计算出来的。具体而言，空间注意机制会根据每个空间位置上的特征向量计算该位置的注意力权重，来确定图像中不同区域对于目标检测的贡献程度，以使网络更加关注与目标相关的区域。在通道注意机制中，注意力分布是基于特征图的通道维度计算出来的。具体而言，通道注意机制会根据每个通道上的特征向量来计算该通道的注意力权重，来确定哪些通道对于目标检测任务最为重要，以使网络更加关注与目标相关的通道。

第6章

基于神经元稀疏特性的模型压缩与剪枝技术

由于本书训练的深度神经网络模型要部署在自动驾驶车辆搭载的边缘计算平台中，受制于边缘计算平台的算力，部署的模型要满足轻量化的要求；而训练出的原始模型结构往往较为庞大，会造成算力的浪费，从而影响到模型的运行效率。对原始网络模型进行压缩，剔除冗余的网络结构是一项重要的工作。模型的压缩必然会造成网络中信息的丢失，从而导致识别精度的下降。如何使压缩后的网络模型的精度恢复至原模型的水平是本章的一个难点。

由于本书所研究的类脑目标检测模型的 v3 和 v4 版本的网络结构中加入了 RepBlock 模块，损失函数的计算函数也发生了变化，传统的基于 L1 正则项的稀疏化训练方法不再适用。如何在不进行稀疏化训练的情况下对 v3、v4 版本的类脑目标检测模型进行离线剪枝是本章的又一个难点。

6.1 压缩剪枝的总体思路

本文所研究的压缩与剪枝技术的总体思路如下。首先，对训练后的原始网络模型进行通道级的稀疏化裁剪，通过尺度因子对 BN 层中的不同通道进行筛选，裁剪掉相对来说"不重要"的通道，保留"重要"的通道。从而实现模型的精练与压缩。其次，对压缩后的模型进行微调，即再训练，以弥补模型在剪枝中损失的精度。再次，基于层间自解耦机制实现层间以及层内的参数解耦，再针对 Conv 层进行离线的结构化剪枝。最后进行网络微调训练以提升模型性能。如图 6-1 所示，针对类脑目标检测模型 v1 和 v2 版本，采用在线剪枝的方法。使用基于 L1 正则项的损失函数进行稀疏化训练，再将对应的稀疏因子小于一定阈值的通道进行裁剪，最后再进行微调训练。针对类脑目标检测模型 v3 和 v4 版本，采用离线剪枝的方法。基于层间自解耦机制，对网络结构进行分析，

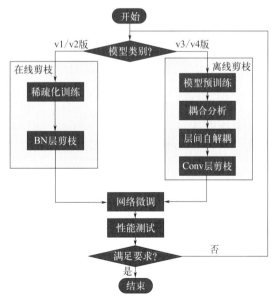

图 6-1 类脑目标检测模型 v1～v4 版剪枝总体流程

建立模型依赖图（dependency graph），实现层间以及层内的参数解耦，再针对 Conv 层进行离线剪枝。最后进行网络微调训练以提升模型性能。

6.2 具体实现过程

6.2.1 对类脑目标检测模型 v1、v2 的压缩与剪枝

（1）稀疏化训练

在稀疏化训练过程中，通道稀疏因子的引入位置很关键，将稀疏因子引入批量归一化层（BN 层），原因包括：①如果将缩放层添加到没有 BN 层的 CNN，则缩放因子的值对于评估通道的重要性没有意义，因为卷积层和缩放层都是线性变换。放大卷积层中的权重的同时减小缩放因子值，可以获得相同的结果。②如果在 BN 层之前插入缩放层，缩放层的缩放效果将被 BN 层中的归一化处理完全取消。③如果在 BN 层之后插入缩放层，则每个通道有两个连续的缩放因子。为此，可以直接利用 BN 层中的 γ 参数作为网络压缩所需的比例因子，这种引入方式具有不增加网络计算开销的巨大优势。

BN 层的数学表征公式如下：

$$\hat{z} = \frac{z_{\text{in}} - \mu_\beta}{\sqrt{\sigma_\beta^2 + \varepsilon}}$$

$$z_{\text{out}} = \gamma \hat{z} + \beta$$

令 z_{in} 和 z_{out} 为 BN 层的输入和输出，其中 μ_β 和 σ_β 是 BN 层上输入激活的平均值和标准偏差值，γ 和 β 是可以通过训练变换的参数（比例和偏移），这里将 γ 作为通道稀疏因子进行训练。

最终，训练的目标是保证网络高精度识别目标的同时，尽量降低稀疏性因子，即尽量减少网络通道数和网络规模。训练目标的数学描述如下：

$$L = \sum_{(x,y)} l[f(x, W), y] + \lambda \sum_{\gamma \in T} g(\gamma)$$

式中，(x,y) 表示训练输入和目标，W 表示可训练的权重，第一个和项对应于 CNN 的正常训练损失，$g(\gamma)$ 是比例因子的稀疏性引起的惩罚，并引入系数 λ 平衡这两个损失。选择 L1 范数 $g(s) = |s|$。采用次梯度下降作为非光滑 L1 惩罚项的优化方法。

（2）BN 层剪枝

在稀疏化训练之后，获得了一个新的模型，其中许多稀疏因子的值接近于零，可以通过删除所有传入和传出连接以及相应的权重来修剪具有接近零比例因子的通道。然后使用全局阈值在所有层上修剪通道，其被定义为所有比例因子值的特定百分位数。例如，通过选择百分比阈值为 55% 来修剪具有较低缩放因子的通道。这样可以获得一个

更紧凑的网络，该网络具有更少的参数和运行内存，以及更少的计算操作。

（3）网络微调

所谓网络微调即再次训练。当修剪比例较高时，修剪可能暂时导致一些精确度损失。但是，这可以通过修剪网络上的后续微调过程得到很大程度的补偿。加上最终的循环迭代训练，这种精度的损失会不断被抑制。最终获得规模更小、更轻量的类脑目标检测模型。

6.2.2 对类脑目标检测模型 v3、v4 的压缩与剪枝

（1）耦合分析

本方法的核心在于利用类脑目标检测模型中注意力层与 Conv 层之间的耦合关系，递归地推导出耦合关系矩阵，记作 M，从而完成对参数的分组。耦合关系矩阵是一个稀疏且局部的矩阵，它仅针对直接相连的层进行建模。因此，分组问题可以被抽象为路径搜索问题，当耦合关系矩阵 M 中的节点 i 和 j 之间存在路径时，记作 $M_{ij}=1$，即节点 i 和 j 属于同一个分组。

（2）建立层间耦合关系矩阵

结构化剪枝中同一个层可能存在两种剪枝方式，即输入剪枝和输出剪枝。对于一个卷积层而言，可以对参数的不同维度进行独立的修剪，从而分别修剪输入通道或者输出通道。为此，我们提出了一种更细粒度的描述，从逻辑上将每一层拆解成输入 f_i^- 和输出 f_i^+。基于这一描述，一个简单的"CA 层+Conv 层"结构就可以描述为：

$$(CA_i^-, CA_i^+) \Leftrightarrow (Conv_{i+1}^-, Conv_{i+1}^+)$$

本方法的关键在于找出注意力层（CA 层）与 Conv 层的层间耦合。这种耦合关系由层和层直接的连接导致。由于一个层的输出和下一层的输入对应的是同一个中间特征（feature），这就导致两者需要被同时剪枝。

因此，耦合关系矩阵的构建可以被描述为：

$$M(CA_i^-, Conv_j^+) = [CA_i^- \Leftrightarrow Conv_j^+]$$

式中，符号 $\Leftrightarrow$ 表示网络连接，CA_i^- 代表 CA 层的输入，$Conv_j^+$ 表示 Conv 层的输出。至此，参数分组变成了一个递归的连通分量搜索，可以通过简单深度或者宽度有限搜索实现。

（3）离线剪枝

建立好耦合关系矩阵 M 后，便可以通过针对参数组进行离线剪枝的方式实现层间自解耦。

大量实验表明，对类脑目标检测模型的头部（head）进行剪枝的效果要优于对主干网络（backbone）进行剪枝，因此本书重点对 v3、v4 模型的头部进行剪枝。

（4）网络微调

类脑目标检测模型 v3、v4 版微调的方法与上述 v1、v2 版相同。

6.3 压缩剪枝后的网络模型

类脑目标检测模型 v1 版剪枝后结构如图 6-2 所示。对 v1 模型进行稀疏化训练后，由于主干网络剪枝对性能影响比较大，所以仅对 v1 模型中的头部结构进行剪枝，遍历头部网络中所有的 Conv 层，剪枝率设置为 40%。

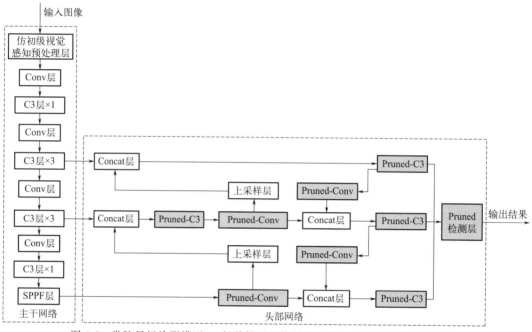

图 6-2 类脑目标检测模型 v1 版剪枝后网络结构（灰色框格表示剪掉的部分）

剪枝完成后对该模型进行微调训练，训练轮次为 200。微调训练情况如图 6-3 所示，从图中可知，模型的训练收敛情况良好，没有因为剪枝出现欠拟合或过拟合。

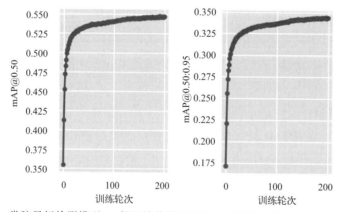

图 6-3 类脑目标检测模型 v1 版压缩剪枝后微调训练情况（采用 COCO 数据集）

类脑目标检测模型 v2 版剪枝后结构如图 6-4 所示。对 v2 模型进行稀疏化训练后，由于主干网络剪枝对性能影响比较大，仅对 v2 模型中的头部结构进行剪枝，遍历头部网络中所有的 Conv 层，剪枝率设置为 40%。

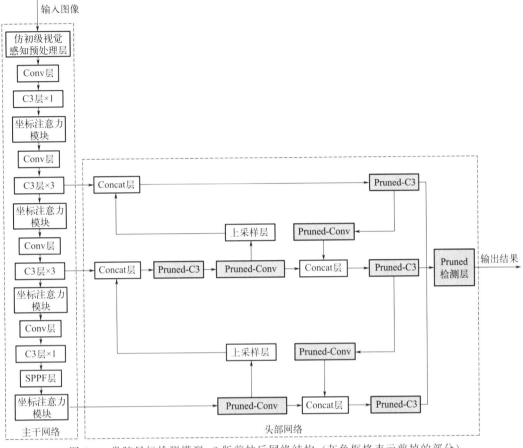

图 6-4　类脑目标检测模型 v2 版剪枝后网络结构（灰色框格表示剪掉的部分）

剪枝完成后对该模型进行微调训练，训练轮次为 80。微调训练情况如图 6-5 所示，从图中可知，模型的训练收敛情况良好，没有因为剪枝出现欠拟合或过拟合。

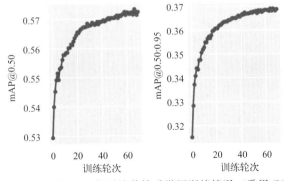

图 6-5　类脑目标检测模型 v2 版压缩剪枝后微调训练情况（采用 COCO 数据集）

类脑目标检测模型 v3 版剪枝后结构如图 6-6 所示。对 v3 模型进行预训练后，由于对主干网络剪枝对性能影响比较大，仅对 v3 模型中的头部结构进行剪枝，遍历头部网络中所有的 Conv 层。针对 COCO 数据集，剪枝率设置为 80%；针对自建面向城市道路的自动驾驶目标检测数据集，剪枝率设置为 40%。

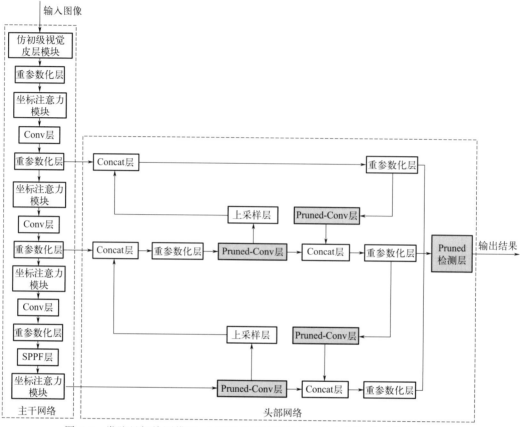

图 6-6　类脑目标检测模型 v3 版剪枝后网络结构（灰色框格表示剪掉的部分）

剪枝完成后对该模型进行微调训练，训练轮次为 200。微调训练情况如图 6-7 所示，从图中可知，模型的训练收敛情况良好，没有因为剪枝出现欠拟合或过拟合。

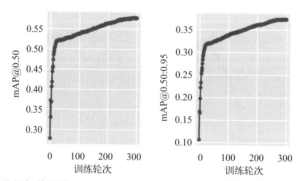

图 6-7　类脑目标检测模型 v3 版压缩剪枝后微调训练情况（采用 COCO 数据集）

类脑目标检测模型 v4 版剪枝后结构如图 6-8 所示。对 v4 模型进行预训练后，对 v4 模型的主干网络中的 Conv 层进行剪枝，剪枝率为 50%；同时对头部网络中的 Conv 层以及检测层进行剪枝，剪枝率设置为 80%。

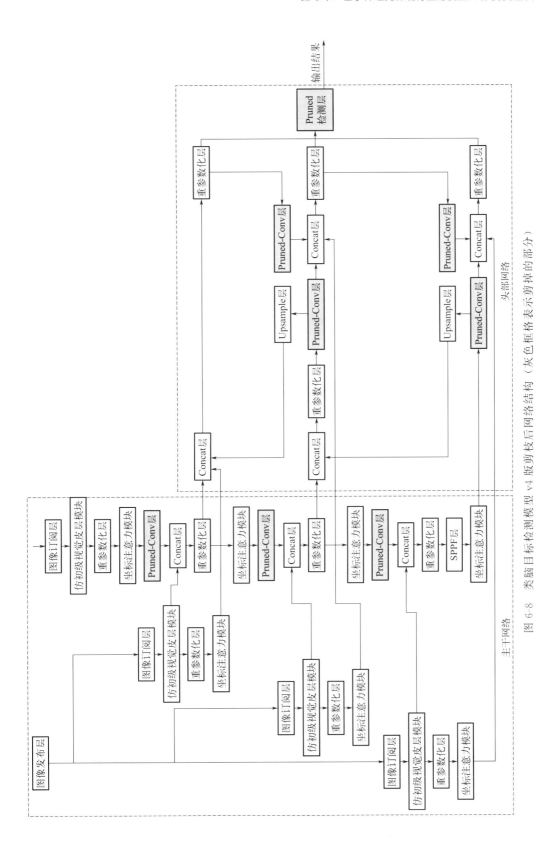

图 6-8 类脑目标检测模型 v4 版剪枝后网络结构（灰色框格表示剪掉的部分）

剪枝完成后对该模型进行微调训练，训练轮次为 300。微调训练情况如图 6-9 所示，从图中可知，模型的训练收敛情况良好，没有因为剪枝出现欠拟合或过拟合。

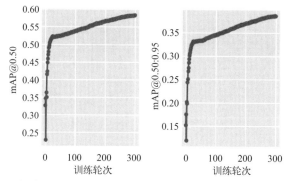

图 6-9　类脑目标检测模型 v3 版压缩剪枝后微调训练情况（采用 COCO 数据集）

6.4　压缩剪枝后的模型性能结果分析

6.4.1　在 COCO 数据集下类脑目标检测模型压缩剪枝性能测试

本书研究的类脑目标检测模型 v1～v4 版（模型压缩与剪枝后）与类脑目标检测模型 v1～v4 版在公开数据集 COCO 2017 下性能对比如表 6-1 所示。

表 6-1　不同模型在 COCO 2017 数据集下目标检测性能对比

	网络模型	平均精度均值 mAP@0.50	平均精度均值 mAP@0.50:0.95	网络参数规模（数量）	目标检测信息处理时间（RTX 2060）
高抗扰性目标检测模型	类脑目标检测模型 v1 版	0.571	0.378	7.5M	8.9ms
	类脑目标检测模型 v1 版（压缩与剪枝后）	0.551	0.358	5.7M	8.6ms
	类脑目标检测模型 v2 版	0.578	0.383	7.5M	9.4ms
	类脑目标检测模型 v2 版（压缩与剪枝后）	0.576	0.382	7.0M	9.1ms
	类脑目标检测模型 v3 版	0.602	0.411	18.9M	10.9ms
	类脑目标检测模型 v3 版（压缩与剪枝后）	0.582	0.383	13.7M	10.3ms
	类脑目标检测模型 v4 版	0.601	0.410	19.9M	13.9ms
	类脑目标检测模型 v4 版（压缩与剪枝后）	0.587	0.397	15.6M	13.3ms

针对类脑目标检测模型 v1 版，与原版模型相比，压缩后的模型参数量的相对降低百分比为 24%，经过微调训练后，平均精度均值 mAP@0.50 下降了 0.02，mAP@

0.50 的相对降低百分比仅为 3.50%。

针对类脑目标检测模型 v2 版，与原版模型相比，压缩后的模型参数量的相对降低百分比为 6.67%，经过微调训练后，平均精度均值 mAP@0.50 下降了 0.002，mAP@0.50 的相对降低百分比仅为 0.35%。

针对类脑目标检测模型 v3 版，与原版模型相比，压缩后的模型参数量的相对降低百分比为 27.51%，经过微调训练后，平均精度均值 mAP@0.50 下降了 0.02，mAP@0.50 的相对降低百分比仅为 3.32%。

针对类脑目标检测模型 v4 版，与原版模型相比，压缩后的模型参数量的相对降低百分比为 21.61%，经过微调训练后，平均精度均值 mAP@0.50 下降了 0.014，mAP@0.50 的相对降低百分比仅为 2.33%。

综上所述，在 COCO 2017 数据集下的性能指标证明了经过压缩和剪枝的模型参数量降低明显，且目标检测的准确性仍然得到保证。

6.4.2　在面向城市道路的自动驾驶目标检测数据集下的性能测试

（1）模型预训练

在自建面向城市道路的自动驾驶目标检测数据集下对本书研究的类脑目标检测模型 v3 版和类脑目标检测模型 v4 版进行预训练，采用两块 NVIDIA RTX 3090 显卡进行单机多卡并行训练，训练回合数 epochs 为 500。

（2）模型剪枝与微调

基于预训练模型，对本书研究的类脑目标检测模型 v3 版和类脑目标检测模型 v4 版进行剪枝和微调。大量实验证明，对模型头部网络剪枝的效果要优于对主干网络进行剪枝。因此，本章主要对模型的头部网络进行剪枝，其中，v3 版模型的剪枝率设为 40%，v4 版模型的剪枝率设为 60%。

如图 6-10 所示，在类脑目标检测模型 v3/v4 版的头部模块中，包含 Conv 层的主要

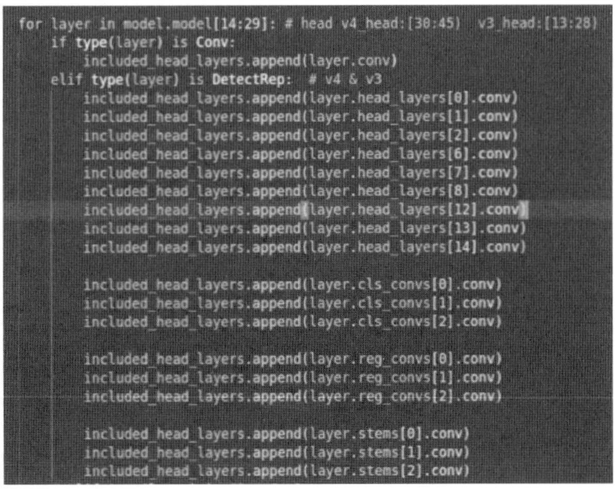

```
for layer in model.model[14:29]: # head v4_head:[30:45]  v3_head:[13:28]
    if type(layer) is Conv:
        included_head_layers.append(layer.conv)
    elif type(layer) is DetectRep:  # v4 & v3
        included_head_layers.append(layer.head_layers[0].conv)
        included_head_layers.append(layer.head_layers[1].conv)
        included_head_layers.append(layer.head_layers[2].conv)
        included_head_layers.append(layer.head_layers[6].conv)
        included_head_layers.append(layer.head_layers[7].conv)
        included_head_layers.append(layer.head_layers[8].conv)
        included_head_layers.append(layer.head_layers[12].conv)
        included_head_layers.append(layer.head_layers[13].conv)
        included_head_layers.append(layer.head_layers[14].conv)

        included_head_layers.append(layer.cls_convs[0].conv)
        included_head_layers.append(layer.cls_convs[1].conv)
        included_head_layers.append(layer.cls_convs[2].conv)

        included_head_layers.append(layer.reg_convs[0].conv)
        included_head_layers.append(layer.reg_convs[1].conv)
        included_head_layers.append(layer.reg_convs[2].conv)

        included_head_layers.append(layer.stems[0].conv)
        included_head_layers.append(layer.stems[1].conv)
        included_head_layers.append(layer.stems[2].conv)
```

图 6-10　类脑目标检测模型 v3/v4 版头部剪枝模块

有 Conv 层和检测层，重点对这两个模块进行裁剪。将裁剪后的模型在自建自动驾驶测试视频数据集下进行微调训练，采用两块 NVIDIA RTX 3090 显卡进行单机多卡并行训练，训练回合数 epochs 为 300。训练完成后得到最终版本的模型。

（3）性能对比结果

本书研究的类脑目标检测模型 v3、v4 版（模型压缩与剪枝后）与类脑目标检测模型 v3、v4 版在自建面向城市道路的自动驾驶目标检测数据集下性能对比如表 6-2 所示。

表 6-2 面向城市道路的自动驾驶目标检测数据集下目标检测性能对比

	网络模型	平均精度均值 mAP@0.50	平均精度均值 mAP@0.50:0.95	网络参数规模（数量）	目标检测信息处理时间（RTX 2060）
高抗扰性目标检测模型	类脑目标检测模型 v3 版	0.823	0.586	18.9M	9.0ms
	类脑目标检测模型 v3 版（压缩与剪枝后）	0.785	0.549	15.5M	8.9ms
	类脑目标检测模型 v4 版	0.827	0.592	19.9M	11.5ms
	类脑目标检测模型 v4 版（压缩与剪枝后）	0.798	0.57	17.7M	11.4ms

由表 6-2 可知，针对类脑目标检测模型 v3 版，与原版模型相比，压缩后的模型参数量的相对降低百分比为 17.99%，经过微调训练后，平均精度均值 mAP@0.50 下降了 0.038，mAP@0.50 的相对降低百分比仅为 4.62%；针对类脑目标检测模型 v4 版，与原版模型相比，压缩后的模型参数量的相对降低百分比为 11.06%，经过微调训练后，平均精度均值 mAP@0.50 下降了 0.029，mAP@0.50 的相对降低百分比仅为 3.51%。

综上所述，在面向城市道路的自动驾驶目标检测数据集下的性能指标证明了经过压缩和剪枝的模型参数量降低明显，且目标检测的准确性仍然得到保证。

第7章

在面向自动驾驶的目标检测数据集上的验证

在本书的第 3 章，我们构建了面向自动驾驶的目标检测数据集，本章主要研究在该数据集上的验证效果。

7.1 在未添加干扰数据集上的验证

本书研究的类脑目标检测模型 v4 版与现有模型 YOLOv5 在未添加干扰的数据集上进行目标检测，并进行效果对比。

图 7-1 展示了类脑目标检测模型 v4 版和传统模型 YOLOv5 在目标存在遮挡情况下的检测对比结果。由图 7-1 可知，传统模型 YOLOv5 在"绿灯、斑马线、限速 60"等典型目标上发生漏检，而类脑目标检测模型 v4 版均能将其正确地检测出来。

图 7-2 展示了类脑目标检测模型 v4 版和 YOLOv5 在目标受强弱光干扰下的检测对比结果。由图 7-2 可知，YOLOv5 在"禁止驶入、限速 40、十字交叉路口、红灯、绿灯、斑马线、施工、限重 20 吨、限速 60、公交车、机动车行驶、限速 50、解除限速 40"等典型目标上发生漏检，YOLOv5 将"限高 4 米"误检为"限高 4.5 米"，而类脑目标检测模型 v4 版均能将其正确地检测出来。

类脑目标检测模型v4版检测效果

传统模型YOLOv5检测效果

(a)

类脑目标检测模型v4版检测效果

传统模型YOLOv5检测效果

(b)

第 7 章　在面向自动驾驶的目标检测数据集上的验证

类脑目标检测模型v4版检测效果　　　　　　传统模型YOLOv5检测效果

(c)

图 7-1　目标存在遮挡情况下目标检测效果对比

类脑目标检测模型v4版检测效果　　　　　　传统模型YOLOv5检测效果

(a)

类脑目标检测模型v4版检测效果　　　　　　传统模型YOLOv5检测效果

(b)

图 7-2

类脑目标检测模型v4版检测效果　　　　　传统模型YOLOv5检测效果

(c)

类脑目标检测模型v4版检测效果　　　　　传统模型YOLOv5检测效果

(d)

类脑目标检测模型v4版检测效果　　　　　传统模型YOLOv5检测效果

(e)

类脑目标检测模型v4版检测效果　　　　传统模型YOLOv5检测效果

(f)

类脑目标检测模型v4版检测效果　　　　传统模型YOLOv5检测效果

(g)

类脑目标检测模型v4版检测效果　　　　传统模型YOLOv5检测效果

(h)

图 7-2

类脑目标检测模型v4版检测效果　　传统模型YOLOv5检测效果

(i)

类脑目标检测模型v4版检测效果　　传统模型YOLOv5检测效果

(j)

类脑目标检测模型v4版检测效果　　传统模型YOLOv5检测效果

(k)

第 7 章 在面向自动驾驶的目标检测数据集上的验证

类脑目标检测模型v4版检测效果　　　　　　传统模型YOLOv5检测效果

(l)

类脑目标检测模型v4版检测效果　　　　　　传统模型YOLOv5检测效果

(m)

类脑目标检测模型v4版检测效果　　　　　　传统模型YOLOv5检测效果

(n)

图 7-2

类脑目标检测模型v4版检测效果　　　　传统模型YOLOv5检测效果

(o)

类脑目标检测模型v4版检测效果　　　　传统模型YOLOv5检测效果

(p)

图 7-2　目标受强弱光干扰下目标检测效果对比

图 7-3 展示了类脑目标检测模型 v4 版和传统模型 YOLOv5 在远距离小目标下的检测对比结果。由图 7-3 可知，传统模型 YOLOv5 在"汽车、禁止驶入、禁止车辆停放、限重 20 吨、限速 80"等典型目标上发生漏检，而类脑目标检测模型 v4 版均能将其正确地检测出来。

类脑目标检测模型v4版检测效果　　　　传统模型YOLOv5检测效果

(a)

第 7 章 在面向自动驾驶的目标检测数据集上的验证

类脑目标检测模型v4版检测效果　　　　　传统模型YOLOv5检测效果

(b)

类脑目标检测模型v4版检测效果　　　　　传统模型YOLOv5检测效果

(c)

类脑目标检测模型v4版检测效果　　　　　传统模型YOLOv5检测效果

(d)

图 7-3

类脑目标检测模型v4版检测效果　　　　　传统模型YOLOv5检测效果

(e)

类脑目标检测模型v4版检测效果　　　　　传统模型YOLOv5检测效果

(f)

类脑目标检测模型v4版检测效果　　　　　传统模型YOLOv5检测效果

(g)

第 7 章　在面向自动驾驶的目标检测数据集上的验证

类脑目标检测模型v4版检测效果　　　　　传统模型YOLOv5检测效果

(h)

类脑目标检测模型v4版检测效果　　　　　传统模型YOLOv5检测效果

(i)

类脑目标检测模型v4版检测效果　　　　　传统模型YOLOv5检测效果

(j)

图 7-3

类脑目标检测模型v4版检测效果　　　　　传统模型YOLOv5检测效果

(k)

图 7-3　远距离小目标下目标检测效果对比

图 7-4 展示了类脑目标检测模型 v4 版和传统模型 YOLOv5 在目标视角多变下的检测对比结果。由图 7-4 可知,传统模型 YOLOv5 在"限重 55 吨、限制轴重 14 吨、最低限速 80、最低限速 60、限速 40"等典型目标上发生漏检,而类脑目标检测模型 v4 版均能将其正确地检测出来。

类脑目标检测模型v4版检测效果　　　　　传统模型YOLOv5检测效果

(a)

类脑目标检测模型v4版检测效果　　　　　传统模型YOLOv5检测效果

(b)

类脑目标检测模型v4版检测效果　　　　传统模型YOLOv5检测效果

(c)

类脑目标检测模型v4版检测效果　　　　传统模型YOLOv5检测效果

(d)

图 7-4　目标视角多变下目标检测效果对比

图 7-5 展示了类脑目标检测模型 v4 版和传统模型 YOLOv5 在密集目标场景下的检测对比结果。由图 7-5 可知，传统模型 YOLOv5 在"限速 120、限速 100、直行标线"典型目标上发生漏检，而类脑目标检测模型 v4 版均能将其正确地检测出来。

类脑目标检测模型v4版检测效果　　　　传统模型YOLOv5检测效果

(a)

图 7-5

类脑目标检测模型v4版检测效果　　　　传统模型YOLOv5检测效果

(b)

图 7-5　密集目标场景下目标检测效果对比

7.2　在添加干扰数据集上的验证

（1）白天＋晴天＋图像模糊噪声干扰下目标检测效果对比

图 7-6 展示了在白天＋晴天＋图像模糊噪声干扰下高抗扰性目标检测模型和传统模型的目标检测效果对比。由图 7-6 可知，传统模型 YOLOv5 在检测的过程中存在较多漏检或误检的问题，本书研究的类脑目标检测模型 v4 版在该噪声干扰下的鲁棒性优于传统模型 YOLOv5。

类脑目标检测模型v4版检测效果　　　　传统模型YOLOv5检测效果

(a)

类脑目标检测模型v4版检测效果　　　　传统模型YOLOv5检测效果

(b)

类脑目标检测模型v4版检测效果　　　　　　　　　传统模型YOLOv5检测效果

(c)

类脑目标检测模型v4版检测效果　　　　　　　　　传统模型YOLOv5检测效果

(d)

类脑目标检测模型v4版检测效果　　　　　　　　　传统模型YOLOv5检测效果

(e)

图 7-6　白天＋晴天＋图像模糊噪声干扰下目标检测效果对比

（2）白天＋晴天＋图像椒盐噪声干扰下目标检测效果对比

图 7-7 展示了在白天＋晴天＋图像椒盐噪声干扰下类脑目标检测模型 v4 版和 YOLOv5 模型的目标检测效果对比。由图 7-7 可知，YOLOv5 模型在检测的过程中存在较多漏检或误检的问题，本书研究的类脑目标检测模型 v4 版在该噪声干扰下的鲁棒性优于 YOLOv5 模型。

（3）白天＋晴天＋强光干扰下目标检测效果对比

图 7-8 展示了在白天＋晴天＋强光干扰下类脑目标检测模型 v4 版和 YOLOv5 模型的目标检测效果对比。由图 7-8 可知，YOLOv5 模型在检测的过程中存在较多漏检或误检的问题，本书研究的类脑目标检测模型 v4 版在该噪声干扰下的鲁棒性优于 YOLOv5 模型。

类脑目标检测模型v4版检测效果　　　　　　传统模型YOLOv5检测效果

(a)

类脑目标检测模型v4版检测效果　　　　　　传统模型YOLOv5检测效果

(b)

类脑目标检测模型v4版检测效果　　　　　　传统模型YOLOv5检测效果

(c)

类脑目标检测模型v4版检测效果　　　　　　传统模型YOLOv5检测效果

(d)

类脑目标检测模型v4版检测效果　　　　　　传统模型YOLOv5检测效果

(e)

图 7-7　白天＋晴天＋图像椒盐噪声干扰下目标检测效果对比

类脑目标检测模型v4版检测效果　　　　　　传统模型YOLOv5检测效果

(a)

类脑目标检测模型v4版检测效果　　　　　　传统模型YOLOv5检测效果

(b)

类脑目标检测模型v4版检测效果　　　　　　传统模型YOLOv5检测效果

(c)

图 7-8　白天＋晴天＋强光干扰下目标检测效果对比

(4)白天+晴天+逆光曝光干扰下目标检测效果对比

图 7-9 展示了在白天+晴天+逆光曝光干扰下类脑目标检测模型 v4 版和 YOLOv5 模型的目标检测效果对比。由图 7-9 可知，YOLOv5 模型在检测的过程中存在较多漏检或误检的问题，本书研究的类脑目标检测模型 v4 版在该噪声干扰下的鲁棒性优于 YOLOv5 模型。

类脑目标检测模型v4版检测效果　　　　　　传统模型YOLOv5检测效果

(a)

类脑目标检测模型v4版检测效果　　　　　　传统模型YOLOv5检测效果

(b)

类脑目标检测模型v4版检测效果　　　　　　传统模型YOLOv5检测效果

(c)

图 7-9　白天+晴天+逆光曝光干扰下目标检测效果对比

(5)白天+晴天+弱光干扰下目标检测效果对比

图 7-10 展示了在白天+晴天+弱光干扰下类脑目标检测模型 v4 版和 YOLOv5 模型的目标检测效果对比。由图 7-10 可知，YOLOv5 模型在检测的过程中存在较多漏检或误检的问题，本书研究的类脑目标检测模型 v4 版在该噪声干扰下的鲁棒性优于 YOLOv5 模型。

类脑目标检测模型v4版检测效果　　　　　传统模型YOLOv5检测效果
(a)

类脑目标检测模型v4版检测效果　　　　　传统模型YOLOv5检测效果
(b)

类脑目标检测模型v4版检测效果　　　　　传统模型YOLOv5检测效果
(c)

图 7-10　白天＋晴天＋弱光干扰下目标检测效果对比

(6) 白天＋晴天＋AI 对抗干扰下目标检测效果对比

图 7-11 展示了在白天＋晴天＋AI 对抗干扰下类脑目标检测模型 v4 版和 YOLOv5 模型的目标检测效果对比。由图 7-11 可知，YOLOv5 模型在检测的过程中存在较多漏检或误检的问题，本书研究的类脑目标检测模型 v4 版在该噪声干扰下的鲁棒性优于 YOLOv5 模型。

(7) 白天＋逆太阳光＋图像椒盐噪声干扰下目标检测效果对比

图 7-12 展示了在白天＋逆太阳光＋图像椒盐噪声干扰下类脑目标检测模型 v4 版和 YOLOv5 模型的目标检测效果对比。由图 7-12 可知，YOLOv5 模型在检测的过程中存在较多漏检或误检的问题，本书研究的类脑目标检测模型 v4 版在该噪声干扰下的鲁棒性优于 YOLOv5 模型。

类脑目标检测模型v4版检测效果　　　　　传统模型YOLOv5检测效果

(a)

类脑目标检测模型v4版检测效果　　　　　传统模型YOLOv5检测效果

(b)

类脑目标检测模型v4版检测效果　　　　　传统模型YOLOv5检测效果

(c)

类脑目标检测模型v4版检测效果　　　　　传统模型YOLOv5检测效果

(d)

类脑目标检测模型v4版检测效果　　　　　　传统模型YOLOv5检测效果

(e)

图 7-11　白天＋晴天＋AI 对抗干扰下目标检测效果对比

类脑目标检测模型v4版检测效果　　　　　　传统模型YOLOv5检测效果

(a)

类脑目标检测模型v4版检测效果　　　　　　传统模型YOLOv5检测效果

(b)

类脑目标检测模型v4版检测效果　　　　　　传统模型YOLOv5检测效果

(c)

图 7-12

类脑目标检测模型v4版检测效果　　　　　传统模型YOLOv5检测效果

(d)

类脑目标检测模型v4版检测效果　　　　　传统模型YOLOv5检测效果

(e)

类脑目标检测模型v4版检测效果　　　　　传统模型YOLOv5检测效果

(f)

类脑目标检测模型v4版检测效果　　　　　传统模型YOLOv5检测效果

(g)

图 7-12　白天＋逆太阳光＋图像椒盐噪声干扰下目标检测效果对比

(8) 白天＋逆太阳光＋AI 对抗干扰下目标检测效果对比

图 7-13 展示了在白天＋逆太阳光＋AI 对抗干扰下类脑目标检测模型 v4 版和 YOLOv5 模型的目标检测效果对比。由图 7-13 可知，YOLOv5 模型在检测的过程中存

在较多漏检或误检的问题,本书研究的类脑目标检测模型 v4 版在该噪声干扰下的鲁棒性优于 YOLOv5 模型。

类脑目标检测模型v4版检测效果　　　　　传统模型YOLOv5检测效果

(a)

类脑目标检测模型v4版检测效果　　　　　传统模型YOLOv5检测效果

(b)

类脑目标检测模型v4版检测效果　　　　　传统模型YOLOv5检测效果

(c)

类脑目标检测模型v4版检测效果　　　　　传统模型YOLOv5检测效果

(d)

图 7-13　白天＋逆太阳光＋AI 对抗干扰下目标检测效果对比

（9）白天＋进出隧道＋图像椒盐噪声干扰下目标检测效果对比

图 7-14 展示了在白天＋进出隧道＋图像椒盐噪声干扰下类脑目标检测模型 v4 版和 YOLOv5 模型的目标检测效果对比。由图 7-14 可知，YOLOv5 模型在检测的过程中存在较多漏检或误检的问题，本书研究的类脑目标检测模型 v4 版在该噪声干扰下的鲁棒性优于 YOLOv5 模型。

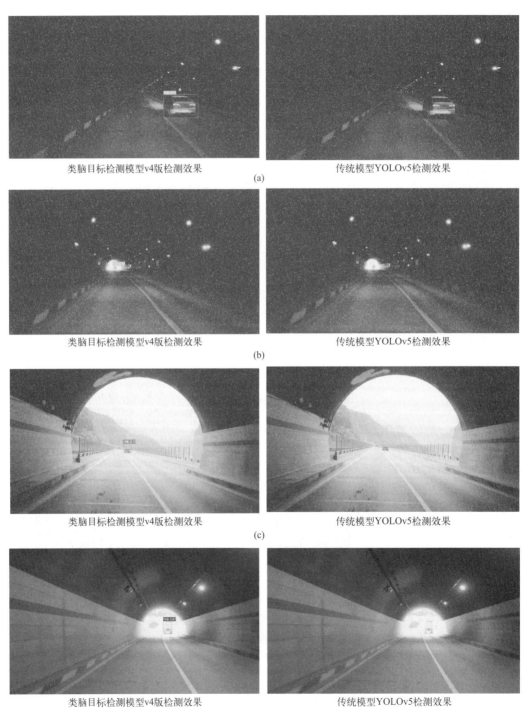

类脑目标检测模型v4版检测效果　　　　　　传统模型YOLOv5检测效果
(a)

类脑目标检测模型v4版检测效果　　　　　　传统模型YOLOv5检测效果
(b)

类脑目标检测模型v4版检测效果　　　　　　传统模型YOLOv5检测效果
(c)

类脑目标检测模型v4版检测效果　　　　　　传统模型YOLOv5检测效果
(d)

类脑目标检测模型v4版检测效果　　　　　　　传统模型YOLOv5检测效果

(e)

图 7-14　白天＋进出隧道＋图像椒盐噪声干扰下目标检测效果对比

（10）白天＋进出隧道＋AI 对抗干扰下目标检测效果对比

图 7-15 展示了在白天＋进出隧道＋AI 对抗干扰下类脑目标检测模型 v4 版和 YOLOv5 模型的目标检测效果对比。由图 7-15 可知，YOLOv5 模型在检测的过程中存在较多漏检或误检的问题，本书研究的类脑目标检测模型 v4 版在该噪声干扰下的鲁棒性优于 YOLOv5 模型。

（11）白天＋雨天＋图像模糊噪声干扰下目标检测效果对比

图 7-16 展示了在白天＋雨天＋图像模糊噪声干扰下类脑目标检测模型 v4 版和 YOLOv5 模型的目标检测效果对比。由图 7-16 可知，YOLOv5 模型在检测的过程中存在较多漏检或误检的问题，本书研究的类脑目标检测模型 v4 版在该噪声干扰下的鲁棒性优于 YOLOv5 模型。

类脑目标检测模型v4版检测效果　　　　　　　传统模型YOLOv5检测效果

(a)

类脑目标检测模型v4版检测效果　　　　　　　传统模型YOLOv5检测效果

(b)

图 7-15

类脑目标检测模型v4版检测效果　　　　　传统模型YOLOv5检测效果

(c)

类脑目标检测模型v4版检测效果　　　　　传统模型YOLOv5检测效果

(d)

类脑目标检测模型v4版检测效果　　　　　传统模型YOLOv5检测效果

(e)

类脑目标检测模型v4版检测效果　　　　　传统模型YOLOv5检测效果

(f)

图 7-15　白天＋进出隧道＋AI 对抗干扰下目标检测效果对比

第 7 章 在面向自动驾驶的目标检测数据集上的验证

类脑目标检测模型v4版检测效果　　　　　　　　传统模型YOLOv5检测效果

(a)

类脑目标检测模型v4版检测效果　　　　　　　　传统模型YOLOv5检测效果

(b)

类脑目标检测模型v4版检测效果　　　　　　　　传统模型YOLOv5检测效果

(c)

类脑目标检测模型v4版检测效果　　　　　　　　传统模型YOLOv5检测效果

(d)

图 7-16

类脑目标检测模型v4版检测效果　　　　　传统模型YOLOv5检测效果

(e)

图 7-16　白天＋雨天＋图像模糊噪声干扰下目标检测效果对比

（12）白天＋雨天＋图像椒盐噪声干扰下目标检测效果对比

图 7-17 展示了在白天＋雨天＋图像椒盐噪声干扰下类脑目标检测模型 v4 版和 YOLOv5 模型的目标检测效果对比。由图 7-17 可知，YOLOv5 模型在检测的过程中存在较多漏检或误检的问题，本书研究的类脑目标检测模型 v4 版在该噪声干扰下的鲁棒性优于 YOLOv5 模型。

类脑目标检测模型v4版检测效果　　　　　传统模型YOLOv5检测效果

(a)

类脑目标检测模型v4版检测效果　　　　　传统模型YOLOv5检测效果

(b)

图 7-17　白天＋雨天＋图像椒盐噪声干扰下目标检测效果对比

（13）白天＋雨天＋进出隧道＋图像模糊噪声干扰下目标检测效果对比

图 7-18 展示了在白天＋雨天＋进出隧道＋图像模糊噪声干扰下类脑目标检测模型 v4 版和 YOLOv5 模型的目标检测效果对比。由图 7-18 可知，YOLOv5 模型在检测的过程中存在较多漏检或误检的问题，本书研究的类脑目标检测模型 v4 版在该噪声干扰下的鲁棒性优于 YOLOv5 模型。

类脑目标检测模型v4版检测效果　　　　　　传统模型YOLOv5检测效果

(a)

类脑目标检测模型v4版检测效果　　　　　　传统模型YOLOv5检测效果

(b)

类脑目标检测模型v4版检测效果　　　　　　传统模型YOLOv5检测效果

(c)

图 7-18　白天＋雨天＋进出隧道＋图像模糊噪声干扰下目标检测效果对比

(14) 白天＋雪天＋图像模糊噪声干扰下目标检测效果对比

图 7-19 展示了在白天＋雪天＋图像模糊噪声干扰下类脑目标检测模型 v4 版和 YOLOv5 模型的目标检测效果对比。由图 7-19 可知，YOLOv5 模型在检测的过程中存在较多漏检或误检的问题，本书研究的类脑目标检测模型 v4 版在该噪声干扰下的鲁棒性优于 YOLOv5 模型。

(15) 白天＋雪天＋图像椒盐噪声干扰下目标检测效果对比

图 7-20 展示了在白天＋雪天＋图像椒盐噪声干扰下类脑目标检测模型 v4 版和 YOLOv5 模型的目标检测效果对比。由图 7-20 可知，YOLOv5 模型在检测的过程中存在较多漏检或误检的问题，本书研究的类脑目标检测模型 v4 版在该噪声干扰下的鲁棒性优于 YOLOv5 模型。

类脑目标检测模型v4版检测效果　　　　　传统模型YOLOv5检测效果

(a)

类脑目标检测模型v4版检测效果　　　　　传统模型YOLOv5检测效果

(b)

类脑目标检测模型v4版检测效果　　　　　传统模型YOLOv5检测效果

(c)

类脑目标检测模型v4版检测效果　　　　　传统模型YOLOv5检测效果

(d)

类脑目标检测模型v4版检测效果　　　　　　　传统模型YOLOv5检测效果

(e)

图 7-19　白天＋雪天＋图像模糊噪声干扰下目标检测效果对比

类脑目标检测模型v4版检测效果　　　　　　　传统模型YOLOv5检测效果

(a)

类脑目标检测模型v4版检测效果　　　　　　　传统模型YOLOv5检测效果

(b)

图 7-20　白天＋雪天＋图像椒盐噪声干扰下目标检测效果对比

（16）白天＋雾霾天＋图像模糊噪声干扰下目标检测效果对比

图 7-21 展示了在白天＋雾霾天＋图像模糊噪声干扰下类脑目标检测模型 v4 版和 YOLOv5 模型的目标检测效果对比。由图 7-21 可知，YOLOv5 模型在检测的过程中存在较多漏检或误检的问题，本书研究的类脑目标检测模型 v4 版在该噪声干扰下的鲁棒性优于 YOLOv5 模型。

（17）白天＋雾霾天＋图像椒盐噪声干扰下目标检测效果对比

图 7-22 展示了在白天＋雾霾天＋图像椒盐噪声干扰下类脑目标检测模型 v4 版和 YOLOv5 模型的目标检测效果对比。由图 7-22 可知，YOLOv5 模型在检测的过程中存

类脑目标检测模型v4版检测效果　　　　　传统模型YOLOv5检测效果

(a)

类脑目标检测模型v4版检测效果　　　　　传统模型YOLOv5检测效果

(b)

图 7-21　白天＋雾霾天＋图像模糊噪声干扰下目标检测效果对比

在较多漏检或误检的问题，本书研究的类脑目标检测模型 v4 版在该噪声干扰下的鲁棒性优于 YOLOv5 模型。

类脑目标检测模型v4版检测效果　　　　　传统模型YOLOv5检测效果

(a)

类脑目标检测模型v4版检测效果　　　　　传统模型YOLOv5检测效果

(b)

类脑目标检测模型v4版检测效果　　　　　传统模型YOLOv5检测效果

(c)

图 7-22　白天＋雾霾天＋图像椒盐噪声干扰下目标检测效果对比

（18）白天＋雾霾天＋AI 对抗干扰下目标检测效果对比

图 7-23 展示了在白天＋雾霾天＋AI 对抗干扰下类脑目标检测模型 v4 版和 YOLOv5 模型的目标检测效果对比。由图 7-23 可知，YOLOv5 模型在检测的过程中存

类脑目标检测模型v4版检测效果　　　　　传统模型YOLOv5检测效果

(a)

类脑目标检测模型v4版检测效果　　　　　传统模型YOLOv5检测效果

(b)

类脑目标检测模型v4版检测效果　　　　　传统模型YOLOv5检测效果

(c)

图 7-23　白天＋雾霾天＋AI 对抗干扰下目标检测效果对比

在较多漏检或误检的问题，本书研究的类脑目标检测模型 v4 版在该噪声干扰下的鲁棒性优于 YOLOv5 模型。

（19）傍晚＋逆太阳光＋图像模糊噪声干扰下目标检测效果对比

图 7-24 展示了在傍晚＋逆太阳光＋图像模糊噪声干扰下类脑目标检测模型 v4 版和 YOLOv5 模型的目标检测效果对比。由图 7-24 可知，YOLOv5 模型在检测的过程中存在较多漏检或误检的问题，本书研究的类脑目标检测模型 v4 版在该噪声干扰下的鲁棒性优于 YOLOv5 模型。

（20）傍晚＋逆太阳光＋AI 对抗干扰下目标检测效果对比

图 7-25 展示了在傍晚＋逆太阳光＋AI 对抗干扰下类脑目标检测模型 v4 版和 YOLOv5 模型的目标检测效果对比。由图 7-25 可知，YOLOv5 模型在检测的过程中存在较多漏检或误检的问题，本书研究的类脑目标检测模型 v4 版在该噪声干扰下的鲁棒性优于 YOLOv5 模型。

类脑目标检测模型v4版检测效果　　　　　传统模型YOLOv5检测效果

(a)

类脑目标检测模型v4版检测效果　　　　　传统模型YOLOv5检测效果

(b)

类脑目标检测模型v4版检测效果　　　　　传统模型YOLOv5检测效果

(c)

类脑目标检测模型v4版检测效果　　　　　　　传统模型YOLOv5检测效果

(d)

图 7-24　傍晚＋逆太阳光＋图像模糊噪声干扰下目标检测效果对比

类脑目标检测模型v4版检测效果　　　　　　　传统模型YOLOv5检测效果

(a)

类脑目标检测模型v4版检测效果　　　　　　　传统模型YOLOv5检测效果

(b)

类脑目标检测模型v4版检测效果　　　　　　　传统模型YOLOv5检测效果

(c)

图 7-25　傍晚＋逆太阳光＋AI对抗干扰下目标检测效果对比

(21) 傍晚＋雾霾天＋图像模糊噪声干扰下目标检测效果对比

图 7-26 展示了在傍晚＋雾霾天＋图像模糊干扰下类脑目标检测模型 v4 版和 YOLOv5 模型的目标检测效果对比。由图 7-26 可知，YOLOv5 模型在检测的过程中存在较多漏检或误检的问题，本书研究的类脑目标检测模型 v4 版在该噪声干扰下的鲁棒性优于 YOLOv5 模型。

类脑目标检测模型v4版检测效果　　　　传统模型YOLOv5检测效果

(a)

类脑目标检测模型v4版检测效果　　　　传统模型YOLOv5检测效果

(b)

类脑目标检测模型v4版检测效果　　　　传统模型YOLOv5检测效果

(c)

图 7-26　傍晚＋雾霾天＋图像模糊噪声干扰下目标检测效果对比

(22) 傍晚＋雾霾天＋弱光干扰下目标检测效果对比

图 7-27 展示了在傍晚＋雾霾天＋弱光干扰下类脑目标检测模型 v4 版和 YOLOv5 模型的目标检测效果对比。由图 7-27 可知，YOLOv5 模型在检测的过程中存在较多漏检或误检的问题，本书研究的类脑目标检测模型 v4 版在该噪声干扰下的鲁棒性优于 YOLOv5 模型。

类脑目标检测模型v4版检测效果　　　　传统模型YOLOv5检测效果

(a)

类脑目标检测模型v4版检测效果　　　　传统模型YOLOv5检测效果

(b)

图 7-27　傍晚＋雾霾天＋弱光干扰下目标检测效果对比

（23）傍晚＋雾霾天＋AI对抗干扰下目标检测效果对比

图 7-28 展示了在傍晚＋雾霾天＋AI 对抗干扰下类脑目标检测模型 v4 版和 YOLOv5 模型的目标检测效果对比。由图 7-28 可知，YOLOv5 模型在检测的过程中存

类脑目标检测模型v4版检测效果　　　　传统模型YOLOv5检测效果

(a)

类脑目标检测模型v4版检测效果　　　　传统模型YOLOv5检测效果

(b)

图 7-28

类脑目标检测模型v4版检测效果　　　　　　　传统模型YOLOv5检测效果

(c)

类脑目标检测模型v4版检测效果　　　　　　　传统模型YOLOv5检测效果

(d)

类脑目标检测模型v4版检测效果　　　　　　　传统模型YOLOv5检测效果

(e)

图 7-28　傍晚＋雾霾天＋AI 对抗干扰下目标检测效果对比

在较多漏检或误检的问题，本书研究的类脑目标检测模型 v4 版在该噪声干扰下的鲁棒性优于 YOLOv5 模型。

（24）傍晚＋远光灯照射＋图像椒盐噪声干扰下目标检测效果对比

图 7-29 展示了在傍晚＋远光灯照射＋图像椒盐噪声干扰下类脑目标检测模型 v4 版和 YOLOv5 模型的目标检测效果对比。由图 7-29 可知，YOLOv5 模型在检测的过程中存在较多漏检或误检的问题，本书研究的类脑目标检测模型 v4 版在该噪声干扰下的鲁棒性优于 YOLOv5 模型。

（25）夜间＋图像模糊噪声干扰下目标检测效果对比

图 7-30 展示了在夜间＋图像模糊噪声干扰下类脑目标检测模型 v4 版和 YOLOv5 模型的目标检测效果对比。由图 7-30 可知，YOLOv5 模型在检测的过程中存在较多漏检或误检的问题，本书研究的类脑目标检测模型 v4 版在该噪声干扰下的鲁棒性优于 YOLOv5 模型。

类脑目标检测模型v4版检测效果　　　　　　　传统模型YOLOv5检测效果

(a)

类脑目标检测模型v4版检测效果　　　　　　　传统模型YOLOv5检测效果

(b)

图 7-29　傍晚＋远光灯照射＋图像椒盐噪声干扰下目标检测效果对比

类脑目标检测模型v4版检测效果　　　　　　　传统模型YOLOv5检测效果

(a)

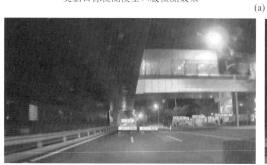

类脑目标检测模型v4版检测效果　　　　　　　传统模型YOLOv5检测效果

(b)

图 7-30

类脑目标检测模型v4版检测效果　　　　　　传统模型YOLOv5检测效果

(c)

图 7-30　夜间＋图像模糊噪声干扰下目标检测效果对比

（26）夜间＋弱光干扰下目标检测效果对比

图 7-31 展示了在夜间＋弱光干扰下类脑目标检测模型 v4 版和 YOLOv5 模型的目

类脑目标检测模型v4版检测效果　　　　　　传统模型YOLOv5检测效果

(a)

类脑目标检测模型v4版检测效果　　　　　　传统模型YOLOv5检测效果

(b)

类脑目标检测模型v4版检测效果　　　　　　传统模型YOLOv5检测效果

(c)

图 7-31　夜间＋弱光干扰下目标检测效果对比

标检测效果对比。由图 7-31 可知，YOLOv5 模型在检测的过程中存在较多漏检或误检的问题，本书研究的类脑目标检测模型 v4 版在该噪声干扰下的鲁棒性优于 YOLOv5 模型。

（27）夜间＋AI 对抗干扰下目标检测效果对比

图 7-32 展示了在夜间＋AI 对抗干扰下类脑目标检测模型 v4 版和 YOLOv5 模型的目标检测效果对比。由图 7-32 可知，YOLOv5 模型在检测的过程中存在较多漏检或误检的问题，本书研究的类脑目标检测模型 v4 版在该噪声干扰下的鲁棒性优于 YOLOv5 模型。

类脑目标检测模型v4版检测效果　　传统模型YOLOv5检测效果
(a)

类脑目标检测模型v4版检测效果　　传统模型YOLOv5检测效果
(b)

类脑目标检测模型v4版检测效果　　传统模型YOLOv5检测效果
(c)

图 7-32　夜间＋AI 对抗干扰下目标检测效果对比

（28）夜间＋雾天＋图像椒盐噪声干扰下目标检测效果对比

图 7-33 展示了在夜间＋雾天＋图像椒盐干扰下类脑目标检测模型 v4 版和 YOLOv5 模型的目标检测效果对比。由图 7-33 可知，YOLOv5 模型在检测的过程中存在较多漏检或误检的问题，本书研究的类脑目标检测模型 v4 版在该噪声干扰下的鲁棒性优于 YOLOv5 模型。

类脑目标检测模型v4版检测效果　　　　　传统模型YOLOv5检测效果

(a)

类脑目标检测模型v4版检测效果　　　　　传统模型YOLOv5检测效果

(b)

图 7-33　夜间＋雾天＋图像椒盐噪声干扰下目标检测效果对比

（29）夜间＋雾天＋AI 对抗干扰下目标检测效果对比

图 7-34 展示了在夜间＋雾天＋AI 对抗干扰下类脑目标检测模型 v4 版和 YOLOv5

类脑目标检测模型v4版检测效果　　　　　传统模型YOLOv5检测效果

(a)

类脑目标检测模型v4版检测效果　　　　　传统模型YOLOv5检测效果

(b)

图 7-34　夜间＋雾天＋AI 对抗干扰下目标检测效果对比

模型的目标检测效果对比。由图 7-34 可知，YOLOv5 模型在检测的过程中存在较多漏检或误检的问题，本文研究的类脑目标检测模型 v4 版在该噪声干扰下的鲁棒性优于 YOLOv5 模型。

（30）夜间＋雨天＋图像模糊噪声干扰下目标检测效果对比

图 7-35 展示了在夜间＋雨天＋图像模糊噪声干扰下类脑目标检测模型 v4 版和 YOLOv5 模型的目标检测效果对比。由图 7-35 可知，YOLOv5 模型在检测的过程中存在较多漏检或误检的问题，本书研究的类脑目标检测模型 v4 版在该噪声干扰下的鲁棒性优于 YOLOv5 模型。

类脑目标检测模型v4版检测效果　　　　　传统模型YOLOv5检测效果
(a)

类脑目标检测模型v4版检测效果　　　　　传统模型YOLOv5检测效果
(b)

类脑目标检测模型v4版检测效果　　　　　传统模型YOLOv5检测效果
(c)

图 7-35　夜间＋雨天＋图像模糊噪声干扰下目标检测效果对比

（31）夜间＋雨天＋图像椒盐噪声干扰下目标检测效果对比

图 7-36 展示了在夜间＋雨天＋图像椒盐噪声干扰下类脑目标检测模型 v4 版和 YOLOv5 模型的目标检测效果对比。由图 7-36 可知，YOLOv5 模型在检测的过程中存

在较多漏检或误检的问题，本文研究的类脑目标检测模型 v4 版在该噪声干扰下的鲁棒性优于 YOLOv5 模型。

图 7-36 夜间＋雨天＋图像椒盐噪声干扰下目标检测效果对比

（32）夜间＋雨天＋AI 对抗干扰下目标检测效果对比

图 7-37 展示了在夜间＋雨天＋AI 对抗干扰下类脑目标检测模型 v4 版和 YOLOv5 模型的目标检测效果对比。由图 7-37 可知，YOLOv5 模型在检测的过程中存在较多漏检或误检的问题，本书研究的类脑目标检测模型 v4 版在该噪声干扰下的鲁棒性优于 YOLOv5 模型。

（33）夜间＋远光灯照射＋图像椒盐噪声干扰下目标检测效果对比

图 7-38 展示了在夜间＋远光灯照射＋图像椒盐噪声干扰下类脑目标检测模型 v4 版和 YOLOv5 模型的目标检测效果对比。由图 7-38 可知，YOLOv5 模型在检测的过程中

图 7-37 夜间＋雨天＋AI 对抗干扰下目标检测效果对比

存在较多漏检或误检的问题，本书研究的类脑目标检测模型 v4 版在该噪声干扰下的鲁棒性优于 YOLOv5 模型。

图 7-38 夜间＋远光灯照射＋图像椒盐噪声干扰下目标检测效果对比

7.3 目标检测演示系统的构建

目标检测演示系统软件是一款目标检测模型效果对比展示软件。软件设计的主要目的是进行高抗扰性目标检测模型和传统模型 YOLOv5 的效果对比验证。本软件分别应用高抗扰性目标检测网络和传统目标检测网络，对白天常规环境、弱光（夜间环境）、强光（逆太阳光）、强光（进出隧道）、雾霾环境、白天常规环境＋运动模糊图像噪声、强光（逆太阳光）＋椒盐图像噪声、强光（进出隧道）＋施加强光干扰、雾霾环境＋施加弱光干扰、白天常规环境＋AI 对抗干扰、弱光（夜间环境）＋AI 对抗干扰、雾霾环境＋AI 对抗干扰下目标检测等 12 种不同任务场景的原始视频以及摄像头实时视频图像进行识别和处理，并实时将两种模型的识别效果在软件界面上同步展示，从而直观地验证高抗扰性模型在各种任务场景下的目标检测效能。软件设置任务演示列表、对比展示区域等部分，提供针对不同任务场景，清晰、同步展示类脑目标检测模型和传统模型 YOLOv5 的检测效果的功能。操作便捷，对比效果直观，让使用者可以更加充分地理解高抗扰性目标检测模型对比传统模型 YOLOv5 在不同任务场景下的优势。

软件以界面作为任务下达接口，通过界面按钮的选择调度任务。高抗扰性目标检测演示系统设计架构如图 7-39 所示。

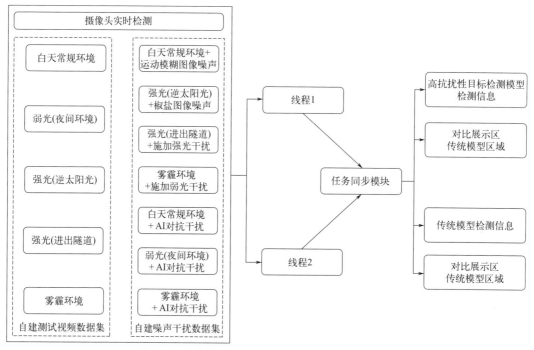

图 7-39 高抗扰性目标检测演示系统软件设计架构

界面包含三个区域：演示列表区域、演示控制区域和对比展示区域。开启界面后，系统为初始化状态，演示列表无选择状态，对比展示区无展示视频。可以根据需求，选择演示列表中的演示项目，在对比展示区观看对比效果。对比展示区划分为高抗扰性目标检测模型展示区和传统模型 YOLOv5 展示区，在展示区底部可以观察到检测结果信息。目标检测对比演示软件用户界面如图 7-40 所示。

图 7-40　目标检测对比演示软件用户界面

演示列表区域为软件的调度信息库，里面存储本项目四个指定任务：摄像头实时检测、自然场景下目标检测以及噪声干扰环境下目标检测等对应的模型和图像信息。在任务输入后，指定任务对应的高抗扰性目标检测模型和传统模型 YOLOv5 被激活，分别在线程 1 和线程 2 中运行，经任务同步算法处理后，将执行效果和识别信息在对比展示区的高抗扰性目标检测模型和传统模型 YOLOv5 展示区域进行展示。

演示流程：

用鼠标点击演示列表中的演示任务，使其保持高亮状态；

点击演示控制区域"开始"按钮；

观看对比展示区展示的识别效果，若需进行任务切换，点击演示控制区域"停止"按钮，在演示列表重新进行任务的选择，再次点击"开始"按钮，即可切换展示任务。

演示样例 1：雾霾环境＋施加弱光干扰下目标检测

演示目的：自动驾驶车辆在雾霾环境＋施加弱光干扰下，传统模型的抵抗弱光干扰的能力较弱、漏检率高。该演示案例可以对比展示本书研究的类脑目标检测模型和传统模型 YOLOv5 在弱光干扰下目标检测的效果，从而验证高抗扰性目标检测模型在该噪声干扰下的优越性。

演示效果：雾霾环境＋施加弱光干扰下目标检测演示样例如图 7-41 所示。

演示样例 2：雾霾环境下目标检测

演示目的：该演示案例可以对比展示本书研究的类脑目标检测模型和传统模型 YOLOv5 在雾霾环境下目标检测的效果，从而验证高抗扰性目标检测模型的优越性。

演示效果：雾霾环境下目标检测演示样例如图 7-42 所示。

演示样例 3：强光（逆光场景）＋椒盐噪声下目标检测

图 7-41 雾霾环境＋施加弱光干扰下目标检测演示样例

图 7-42 雾霾环境下目标检测演示样例

演示目的：自动驾驶车辆的驾驶工况较复杂，搭载的视觉传感器采集的图像信息易携带大量的椒盐噪声，传统模型抵抗椒盐噪声的能力较弱、漏检率高。该演示案例可以对比展示本书研究的类脑目标检测模型 v4 和传统模型 YOLOv5 在施加椒盐噪声下目标检测的效果，从而验证类脑目标检测模型 v4 在该噪声干扰下的优越性。

演示效果：强光（逆光场景）＋椒盐噪声下目标检测演示样例如图 7-43 所示。

演示样例 4：弱光（夜间场景）＋AI 对抗干扰下目标检测

演示目的：在 AI 对抗干扰下，传统的目标检测模型的抗干扰能力较脆弱、鲁棒性差、存在目标检测失效的风险，这对于自动驾驶车辆会造成灾难性后果。该演示案例可以对比展示本书研究的类脑目标检测模型 v4 和传统模型 YOLOv5 在弱光（夜间场景）＋AI 对抗干扰下目标检测的效果，从而验证类脑目标检测模型 v4 在 AI 对抗干扰下的优越性。

图 7-43　强光（逆光场景）＋椒盐噪声下目标检测

演示效果：弱光（夜间场景）＋AI对抗干扰下目标检测演示样例如图 7-44 所示。

图 7-44　弱光（夜间场景）＋AI对抗干扰下目标检测

演示样例 5：强光（逆光场景）＋AI对抗干扰下目标检测

演示目的：在 AI 对抗干扰下，传统的目标检测模型的抗干扰能力较脆弱、鲁棒性差、存在目标检测失效的风险，这对于自动驾驶车辆会造成灾难性后果。该演示案例可以对比展示本书研究的类脑目标检测模型 v4 和传统模型 YOLOv5 在强光（逆光场景）＋AI对抗干扰下目标检测的效果，从而验证类脑目标检测模型 v4 在 AI 对抗干扰下的优越性。

演示效果：强光（逆光场景）＋AI对抗干扰下目标检测演示样例如图 7-45 所示。

图 7-45 强光（逆光场景）+AI 对抗干扰下目标检测

第8章

类脑目标检测算法在自动驾驶沙盘上的实现

沙盘是根据实际地形、地形图或航空图片，按照一定的比例关系制作成的模型。之所以将研究的类脑目标检测算法首先在自动驾驶沙盘上实现，是因为这可以有效地提升测试效率和试错成本。

8.1 面向自动驾驶沙盘的构建

为验证类脑目标检测算法，本书搭建了一套城市道路自动驾驶沙盘验证平台。如图 8-1 所示，沙盘验证平台涵盖了上下坡、直线行驶、直角拐弯、过坎、车库、红绿灯、道路标志牌、路灯等诸多元素。立体沙盘由上下两层构成，尺寸为 7m×7m×1.15m，上下坡度为 15°。

图 8-1　城市道路自动驾驶沙盘验证平台

城市道路自动驾驶沙盘的控制系统的主要功能包括路灯控制、信号灯控制、车位检测、车辆定位，可对沙盘内的红绿灯时间、路灯的亮灭进行设置，同时系统可以显示停车场车位数量、显示当前红绿灯状态，并且利用 UWB（超宽带）技术对在沙盘中运行的车辆进行实时定位。

沙盘中自动驾驶车辆（如图 8-2 所示）车身长 52cm，前后轴距 32cm，左右轮距 29cm，车高 38cm。沙盘自动驾驶车辆的硬件主要由上位机、视觉传感器、激光雷达、底层主控计算机等构成。

上位机（如图 8-3 所示）是由英特尔十代 i7 高性能处理器组成，基于 Ubuntu 系统 Python 语言开发，用于实现导航、识别、避障等功能。上位机接口丰富，具备 Type-C、HDMI、USB 等接口。

如图 8-4 所示，沙盘中自动驾驶车的视觉传感器采用 720P 广角无畸变相机，相机像素值为 200 万，支持 1280×720 画面，帧率可达 30fps（帧/s）。

沙盘中自动驾驶车的激光雷达（如图 8-5 所示）为 360°全方位扫描，激光测距 4000 次/s，探测距离为 8m。

第 8 章　类脑目标检测算法在自动驾驶沙盘上的实现

图 8-2　沙盘中的自动驾驶车

图 8-3　沙盘中自动驾驶车的上位机

图 8-4　沙盘中自动驾驶车的视觉传感器

图 8-5　沙盘中自动驾驶车的激光雷达

如图 8-6 所示，沙盘中自动驾驶车辆底层主控计算机 MCU（多点控制器）为 STM32F103，具有两路 RS 232 串口通信模块、433MHz 无线通信模块、两路超声波测距模块、蜂鸣器报警功能、LED 车灯控制功能、直流减速电机驱动模块、舵机转向模块、电源电压显示模块等。

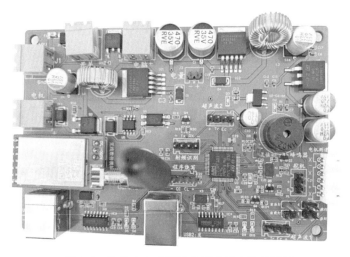

图 8-6　沙盘中自动驾驶车辆底层主控计算机

8.2 面向自动驾驶沙盘演示的自动驾驶数据集的构建及训练

(1) 数据需求及数据集概况

面向沙盘验证的需求,本书针对城市环境下自动驾驶典型目标,应用数据工程理论,通过人工实车采集的方式,构建了面向沙盘演示验证的自动驾驶目标检测数据集,该数据集共包含目标类别 10 类,1704 张,2335 个标注框。

(2) 数据集类别情况

该数据集共包含自动驾驶交通标志 10 类,分别为向左急转弯、解除限速 10、禁止车辆停放、限速 10、限高 0.7 米、直行、禁止鸣笛、人行横道、红灯、绿灯。在原始数据集的基础上,利用强光模拟工具、AI 对抗图案道具构建噪声数据集,分别为带有遮挡的数据集、强光干扰数据集和 AI 对抗图案数据集。数据集的详细情况如表 8-1 所示。

表 8-1 自动驾驶沙盘数据集概况

序号	类别	原始数据标签数	遮挡数据标签数	强光干扰数据标签数	AI 对抗数据标签数
1	向左急转弯	624	69	58	56
2	解除限速 10	469	60	57	36
3	禁止车辆停放	52	29	32	22
4	限速 10	90	19	22	8
5	限高 0.7 米	91	19	24	10
6	直行	115			
7	禁止鸣笛	73		16	
8	人行横道	105	39		
9	红灯	89	6		
10	绿灯	63	2		
	总标签数	1771	243	209	132
	总张数	1310	150	135	109

该数据集全部为人工手动标注。采用的标注软件是 LabelImg,LabelImg 是一款开源的图形图像数据标注工具,它以 Python 编写,并使用 QT 进行图形界面搭建。如图 8-7 所示,该标注软件界面简洁,功能全面,操作简单,标签的导出格式可选 YOLO 和 VOC 两种通用使用格式。本数据集采用的导出格式一律为 VOC 格式,其标签文件的后缀名为"xml",可以用于大多数主流网络模型的训练、测试、验证。

(3) 模型训练

为方便后续进行对比验证实验,使用上述自建沙盘演示验证数据集分别对

图 8-7 LabelImg 标注软件界面

YOLOv5 模型及类脑目标检测模型 v4 版进行训练。本书采用 2 块 NVIDIA RTX 3090 显卡进行单机多卡并行训练,训练回合数 epochs 为 300。为了保证与模型 YOLOv5 的公平比较,类脑目标检测模型 v4 版训练过程的损失函数和超参数设置与 YOLOv5 模型的训练配置保持一致。

YOLOv5 模型的训练结果如图 8-8、图 8-9 所示。

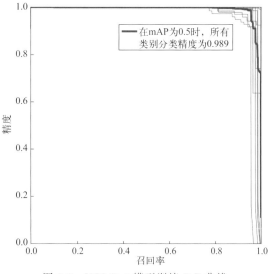

图 8-8 YOLOv5 模型训练 P-R 曲线

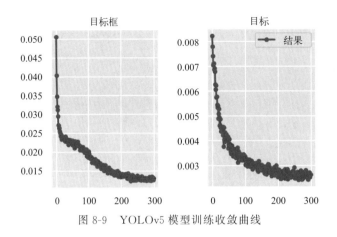

图 8-9　YOLOv5 模型训练收敛曲线

由图 8-8、图 8-9 可知，使用自建沙盘演示验证数据集训练后的 YOLOv5 模型收敛情况良好。

类脑目标检测模型 v4 版的训练情况如图 8-10、图 8-11 所示。

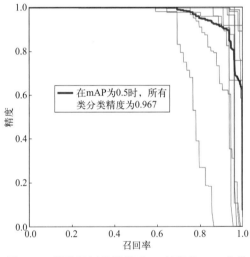

图 8-10　类脑目标检测模型 v4 版训练 P-R 曲线

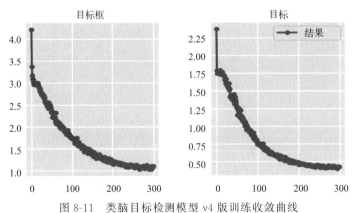

图 8-11　类脑目标检测模型 v4 版训练收敛曲线

由图 8-10、图 8-11 可知，使用自建沙盘演示验证数据集训练后的类脑目标检测模型 v4 版收敛情况良好。

8.3 在自动驾驶沙盘上的演示验证

（1）交通信号灯检测

将类脑目标检测模型 v4 在沙盘自动驾驶小车的感知系统上实现，自动驾驶小车能准确地识别 LED 红绿灯的状态（如图 8-12、图 8-13 所示），并在路口做出红灯停、绿灯行的动作。

图 8-12　交通信号灯检测（红灯）

图 8-13　交通信号灯检测（绿灯）

（2）交通标志牌检测

将类脑目标检测模型 v4 在沙盘自动驾驶小车的感知系统上实现，自动驾驶小车能准确地识别沙盘中布置的转弯、减速等标志牌并做出响应操作（图 8-14、图 8-15）。车辆能够沿车道线精确地在沙盘中自主运行。

图 8-14　交通标志牌检测（向左急转弯）

图 8-15　交通标志牌检测（解除限速）

（3）抗扰效果对比验证实验

本节将对所研究的类脑目标检测模型 v4 与现有模型 YOLOv5 进行性能对比。

实验一：抗遮挡性能对比实验

① 模型训练过程。在自建面向城市道路的自动驾驶目标检测数据集的训练集下对本书开发的类脑目标检测模型 v4 进行模型训练，采用 2 块 NVIDIA RTX 3090 显卡进行单机多卡并行训练，训练回合数 epochs 为 300。为了保证与现有模型 YOLOv5 的公平比较，类脑目标检测模型 v4 训练过程的损失函数和超参数设置与 YOLOv5 模型的训练配置保持一致。

② 遮挡干扰测试场景搭建。对沙盘场景中的原始交通标志进行人为遮挡，如图 8-16 所示。

图 8-16　带遮挡的自动驾驶沙盘测试场景

③ 性能对比结果。本书研究的类脑目标检测模型 v4 与现有 YOLOv5 模型在带遮挡的自动驾驶沙盘测试场景下的性能对比演示结果如图 8-17 和图 8-18 所示。

(a) YOLOv5识别效果

(a) YOLOv5识别效果

(b) 类脑目标检测模型v4版识别效果

图 8-17　大面积遮挡下的对比演示效果

(b) 类脑目标检测模型v4版识别效果

图 8-18　小面积遮挡下的对比演示效果

由图 8-17 可知，在目标被大面积遮挡的情况下，相比于 YOLOv5 模型，类脑目标检测模型 v4 仍然能够实现目标的精准识别。

由图 8-18 可知，在目标被小面积遮挡的情况下，YOLOv5 模型出现了明显的误识别（将向左急转弯识别为骑行者），而类脑目标检测模型 v4 版仍然能够实现目标的精准识别。

实验二：AI 对抗图案下的对比实验

① 模型训练过程。在自建面向城市道路的自动驾驶目标检测数据集的训练集下对本书研究的类脑目标检测模型 v4 进行模型训练，采用 2 块 NVIDIA RTX 3090 显卡进行单机多卡并行训练，训练回合数 epochs 为 600。为了保证与现有模型 YOLOv5 的公平比较，类脑目标检测模型 v4 训练过程的损失函数和超参数设置与 YOLOv5 模型的训练配置保持一致。

② 噪声干扰测试场景搭建。首先生成针对目标检测模型的 AI 对抗图案，将该图案按照交通标志牌尺寸的 1/3 大小进行打印，并贴附于所搭建的沙盘中的交通标志牌上，构建带有 AI 对抗图案的沙盘测试场景，如图 8-19 和图 8-20 所示。

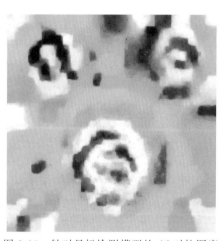

图 8-19　针对目标检测模型的 AI 对抗图案

③ 性能对比结果。本书研究的类脑目标检测模型 v4 与现有模型 YOLOv5 在带有 AI 对抗图案的自动驾驶沙盘测试场景下的性能对比演示结果如下：

如图 8-21 所示，相比于 YOLOv5 模型，类脑目标检测模型 v4 版对贴附了 AI 对抗图案的目标识别置信度更高，且 YOLOv5 模型出现了误检测现象。

如图 8-22、图 8-23 所示，相比于 YOLOv5 模型，类脑目标检测模型 v4 对贴附了 AI 对抗图案的目标识别置信度更高，且 YOLOv5 模型会出现漏检现象。

实验三：抗强光性能对比实验

① 模型训练过程。在自建面向城市道路的自动驾驶目标检测数据集的训练集下对本书研究的类脑目标检测模型 v4 进行模型训练，采用 2 块 NVIDIA RTX 3090 显卡进行单机多卡并行训练，训练回合数 epochs 为 600。为了保证与现有模型 YOLOv5 的公平比较，模型训练过程的损失函数和超参数设置与 YOLOv5 模型的训练配置保持一致。

② 噪声干扰测试场景搭建。将强光装置安装在沙盘中的交通指示牌上，模拟强光干扰，并对其进行拍摄，构建带有强光干扰的自动驾驶沙盘测试场景，如图 8-24 所示。

③ 性能对比结果。本书研究的类脑目标检测模型 v4 与现有 YOLOv5 模型在带有强光干扰的自动驾驶沙盘测试场景下的性能对比演示结果如下：

如图 8-25～图 8-28 所示，相比于 YOLOv5 模型，类脑目标检测模型 v4 对强光干扰下的交通标志目标识别置信度更高，且 YOLOv5 模型会出现漏检现象。

(a) YOLOv5识别效果

图 8-20 带有 AI 对抗图案的自动驾驶沙盘测试场景

(b) 类脑目标检测模型v4版识别效果

图 8-21 AI 对抗下的对比演示效果 1

(a) YOLOv5识别效果

(a) YOLOv5识别效果

(b) 类脑目标检测模型v4版识别效果

图 8-22 AI 对抗下的对比演示效果 2

(b) 类脑目标检测模型v4版识别效果

图 8-23 AI 对抗下的对比演示效果 3

图 8-24 带有强光干扰的自动驾驶沙盘测试场景

(a) YOLOv5识别效果

(a) YOLOv5识别效果

(b) 类脑目标检测模型v4版识别效果

(b) 类脑目标检测模型v4版识别效果

图 8-25 强光干扰下的对比演示效果 1　　图 8-26 强光干扰下的对比演示效果 2

(a) YOLOv5识别效果

(a) YOLOv5识别效果

(b) 类脑目标检测模型v4版识别效果

图 8-27 强光干扰下的对比演示效果 3

(b) 类脑目标检测模型v4版识别效果

图 8-28 强光干扰下的对比演示效果 4

第9章

基于自动驾驶物流车的类脑目标检测演示验证

9.1 自动驾驶物流车验证的必要性

① 园区测试环境为真实道路环境，可以更加有效监测算法模型的有效性和稳定性。

② 园区测试的硬件平台为真实的物流车。园区测试所用的底层硬件平台为四驱线控底盘，其尺寸达到了 1100mm×900mm×1100mm（长×宽×高），且底盘采用四驱差速控制，转向灵活，对算法模型的部署与测试提出了更严格的要求。

9.2 自动驾驶物流车平台

9.2.1 硬件平台

自动驾驶物流车是以线控底盘 ARC-L04-1 为基础架构（如图 9-1 所示），并搭载 16 线激光雷达，采用四轮驱动，差速自转，动力充沛，可广泛适应各种复杂应用环境。

线控底盘主要由下位机的电机与驱动系统、上位机的雷达与计算机构成的导航系统、车身悬架系统、电池与电源管理系统构成。驱动系统采用标准 CAN 通信协议，上位机通过 RS 232 串口实现与下位机的通信。可实现雷达建图、轨迹规划、导航、循迹、避障等功能。

图 9-1 自动驾驶物流车线控底盘外观

自动驾驶物流车平台具体参数如表 9-1 所示。

表 9-1 园区物流车自动驾驶平台参数

项目	参数	项目	参数
型号	ARC-L04-1	最大行程	25km
尺寸	1130mm×934mm×1101mm	驱动形式	四轮独立驱动，四轮差速转向
轴距	540mm	安全防护	防撞梁
轮距	640mm	工作温度	0~40℃
整备质量	约 80kg	充电器	AC 220V 独立充电器
最高速度	2m/s	充电时间	4~4.5h
离地间隙	80mm	最小制动距离	0.1m
制动方式	伺服制动	电机参数	4×400W 伺服电机
额定运动载重	100kg	最大运动载重	160kg

续表

项目	参数	项目	参数
最小转弯半径	可原地自旋	电池参数	48V/50Ah
爬坡角度	≤30°	通信接口	1 路 CAN 接口 2 路串口直出、1 路 USB 转串口
越障能力	8cm	悬挂形式	双横臂独立悬架

园区物流车自动驾驶平台尺寸结构如图 9-2 所示。

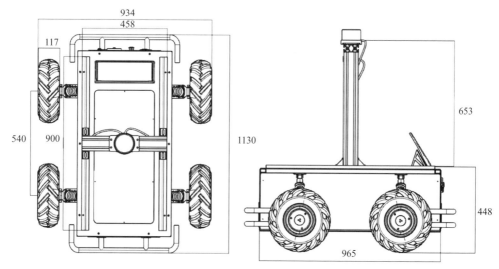

图 9-2 自动驾驶物流车尺寸结构图

9.2.2 驱动与负载

自动驾驶物流车的底盘采用四个 400W 的伺服电机驱动，通过四轮差速驱动，不仅动力充沛，还可以做到 0 转弯半径；搭载 600W 高性能低压伺服驱动器，提高小车启停的响应速度；同时驱动器还具有过流、过热、过压等多种保护，确保驱动系统安全性。

为配合驱动系统高效可靠工作，底盘还配有定制款 48V/50Ah 三元锂电池，具有稳定可靠的电流输出能力。自动驾驶物流车驱动系统如图 9-3 所示。

图 9-3 自动驾驶物流车驱动系统

9.2.3 核心硬件

自动驾驶物流车的主控制器采用英特尔 11 代 i7 处理器＋RTX2060 独立显卡电脑，

其性能指标如表 9-2 所示。

表 9-2 自动驾驶物流车主控制器性能参数

处理器	11 代酷睿 i7-1165G7,四核八线程
内存	16GB DDR4 内存
显卡	Nvidia RTX2060 独立显卡,6GB GDDR6 显存
外设	USB3.1×2,USB3.1×4
硬盘	512GB,nvme 协议 ssd 硬盘

自动驾驶物流车采用达 16 线激光雷达，其外观如图 9-4 所示，其性能指标如表 9-3 所示。

图 9-4 自动驾驶物流车采用的 16 线激光雷达

表 9-3 自动驾驶物流车采用的 16 线激光雷达参数

项目	参数	项目	参数
最远测量距离	100m	通道数	16
精度	±3cm	波长	903nm
回传方式	双重回传	功率	8W
视场角(垂直)	30°(±15°)	工作电压	9~32V(DC)
角分辨率(垂直)	2°	质量	830g
视场角(水平)	360°	尺寸	103mm×72mm(直径×高度)
角分辨率(水平)	0.1°~0.4°	工作温度	−10~+60℃
旋转速率	5~20Hz	防护标准	IP67

自动驾驶物流车采用海康机器人工业相机 MV-CA016-10UC，其外观如图 9-5 所示。

该款工业相机支持的像素格式如下：

① Mono 8/10/12；

② Bayer RG 8/10/10p/12/12p；

③ YUV422Packed；YUV422_YUYV_Packed；

④ RGB。

该款工业相机的功能特性如下：

① 支持自动或手动调节增益、曝光时间、白平衡、

图 9-5 自动驾驶物流车采用的 MV-CA016-10UC 工业相机

LUT 校正；

② 支持自定义 ROI，支持水平镜像和垂直镜像；

③ 支持硬触发、软触发以及自由运行模式；

④ 结构紧凑，外形尺寸 29mm×29mm×30mm；

⑤ 兼容 USB3 Vision 协议及 GenICam 标准，可与第三方软件平台无缝连接。

9.2.4 自动驾驶物流车的功能

地图构建：ARC-L04-1 线控底盘搭载 16 线激光雷达，构建稠密点云地图，为定位、循迹、导航等提供数据支持。

循迹：ARC-L04-1 线控底盘根据行进的轨迹生成一系列路标点（包含位置、姿态、速度等信息），再次启动后 ARC-L04-1 线控底盘可根据系统设定循着路标轨迹运动。

导航：指通过不同的技术手段，如全球卫星导航、机器视觉、激光雷达等，帮助自动驾驶汽车准确地识别自身所处位置，并规划出最佳路径，最终到达目的地。

避障：在小范围内实现局部路径规划。ARC-L04-1 线控底盘在循迹过程中如果前方轨迹上出现障碍物，系统结合车身尺寸及转弯半径、障碍物位置及尺寸、环境信息等进行局部路径规划，如果判定可绕行，则刷新轨迹继续前进，如果判定无法绕行则停车，直到障碍物消失再继续前进。

9.3 类脑目标检测算法在自动驾驶物流车上的演示验证

为验证物流车类脑目标检测模型 v4 在真实场景下的应用性能，本书选取了真实园区场景进行测试，场景实图如图 9-6 所示。该场景位于城市园区中央，涵盖上下坡、直线行驶、直角转弯、车辆、行人以及标志牌等元素。

图 9-6 自动驾驶物流车园区测试真实场景

（1）园区目标检测

搭载类脑目标检测模型 v4 的物流车，具有较低的硬件依赖性，车辆搭载的 1080P

视觉传感器依靠类脑目标检测模型 v4 准确地识别出行人、车辆，并做出急停、让行等动作，如图 9-7 所示。

图 9-7　自动驾驶物流车行人检测结果

依靠车辆的处理器和类脑目标检测模型 v4，园区中布置的转弯、限速等标志牌都能准确识别并做出响应操作。车辆能够在园区中准确地自主运行以及做出响应，如图 9-8 所示。

图 9-8　自动驾驶物流车交通标志牌检测结果

如图 9-9 所示，自动驾驶物流车检测到标志牌会做出对应响应，例如检测到左转标志牌，物流车左转指示灯闪烁并开始左转。

图 9-9　自动驾驶物流车检测标志牌并做出响应

（2）抗扰效果对比验证实验

本节将对类脑目标检测模型 v4 与模型 YOLOv5 进行性能对比。

实验一：抗遮挡干扰性能对比实验

在自建面向城市道路的自动驾驶目标检测数据集的训练集下对本书开发的高抗扰性目标检测模型进行模型训练，采用 2 块 NVIDIA RTX 3090 显卡进行单机多卡并行训练，训练回合数 epochs 为 300。为了保证与现有模型 YOLOv5 的公平比较，模型训练过程的损失函数和超参数设置与 YOLOv5 模型的训练配置保持一致。

对园区场景中的原始交通标志进行人为遮挡，如图 9-10 所示。

图 9-10　带遮挡干扰的自动驾驶物流车测试场景

性能对比验证演示结果如下。

如图 9-11 所示，在目标区域被大面积遮挡的情况下，相比于 YOLOv5 模型，类脑

YOLOv5识别效果　　　　　　　　　　类脑目标检测模型v4识别效果

图 9-11　带遮挡干扰的自动驾驶物流车目标检测对比验证 1

目标检测模型 v4 仍然可以实现目标的精准识别。

如图 9-12 所示，在目标区域被大面积遮挡的情况下，YOLOv5 模型出现了明显的误识别（将禁止车辆停放误识别为限速 30），而类脑目标检测模型 v4 仍然能够实现目标的精准识别。

YOLOv5 识别效果　　　　　　　　　类脑目标检测模型 v4 识别效果

图 9-12　带遮挡干扰的自动驾驶物流车目标检测对比验证 2

如图 9-13 所示，在目标被遮挡干扰的情况下，YOLOv5 模型出现了明显的漏检现象（未识别出禁止车辆停放和左边行人），而类脑目标检测模型仍然能够实现目标的精准识别，且置信度更高。

YOLOv5 识别效果　　　　　　　　　类脑目标检测模型 v4 识别效果

图 9-13　带遮挡干扰的自动驾驶物流车目标检测对比验证 3

实验二：AI 对抗图案干扰下的对比实验

在自建面向城市道路的自动驾驶目标检测数据集的训练集下对本书研发的类脑目标检测模型 v4 进行模型训练，采用 2 块 NVIDIA RTX 3090 显卡进行单机多卡并行训练，训练回合数 epochs 为 600。为了保证与现有模型 YOLOv5 的公平比较，模型训练过程的损失函数和超参数设置与 YOLOv5 模型的训练配置保持一致。

首先，生成针对目标检测模型的 AI 对抗图案（图 8-19），将该图案按照交通标志牌尺寸的 1/3 大小进行打印，并贴附于园区场景中的交通标志牌上，构建带有 AI 对抗图案的自动驾驶物流车测试场景,如图 9-14 所示。

图 9-14 带有 AI 对抗图案的自动驾驶物流车测试场景

对比验证演示结果如图 9-15～图 9-17 所示。

YOLOv5识别效果　　　　　　　　　　　　类脑目标检测模型v4识别效果

图 9-15 AI 对抗干扰下自动驾驶物流车目标检测对比验证 1

由图 9-15 可知,相比于 YOLOv5 模型,右侧的类脑目标检测模型 v4 对贴附了 AI 对抗图案的目标识别置信度更高。

如图 9-16、图 9-17 所示,相比于 YOLOv5 模型,类脑目标检测模型 v4 对贴有 AI 对抗图案的目标识别置信度更高,且不存在漏检现象。

YOLOv5识别效果　　　　　　　　　　　　类脑目标检测模型v4识别效果

图 9-16　AI 对抗干扰下自动驾驶物流车目标检测对比验证 2

YOLOv5识别效果　　　　　　　　　　　　类脑目标检测模型v4识别效果

图 9-17　AI 对抗干扰下自动驾驶物流车目标检测对比验证 3

实验三：抗强光干扰性能对比实验

在自建面向城市道路的自动驾驶目标检测数据集的训练集下对本书研究的类脑目标检测模型 v4 进行模型训练，采用 2 块 NVIDIA RTX 3090 显卡进行单机多卡并行训练，训练回合数 epochs 为 300。为了保证与现有 YOLOv5 模型的公平比较，模型训练过程的损失函数和超参数设置与 YOLOv5 模型训练配置保持一致。

对园区场景中的原始交通标志进行灯光以及太阳光直射的处理，如图 9-18 所示。

对比验证演示结果如下：

如图 9-19 所示，在强光照射下标志牌上出现大面积的反光区域，在此情况下类脑目标检测模型 v4 仍能准确检测出标志牌类别，并有较高的置信度，反而 YOLOv5 识别出错误的信息。

如图 9-20 所示，在强光照射标志牌的情况下，类脑目标检测模型 v4 可以准确识别出标志牌类别，相比于 YOLOv5 模型有较高的置信度。

如图 9-21 所示，在强光照射标志牌情况下，YOLOv5 会出现识别不到目标的情况，而类脑目标检测模型 v4 仍然可以准确识别出标志牌类别，并有较高的置信度。

图 9-18　带强光干扰的自动驾驶物流车测试场景

　　YOLOv5识别效果　　　　　　　　　　类脑目标检测模型v4识别效果

图 9-19　强光干扰下自动驾驶物流车目标检测对比验证 1

　　YOLOv5识别效果　　　　　　　　　　类脑目标检测模型v4识别效果

图 9-20　强光干扰下自动驾驶物流车目标检测对比验证 2

第 9 章 基于自动驾驶物流车的类脑目标检测演示验证

YOLOv5识别效果　　　　　　　　类脑目标检测模型v4识别效果

图 9-21　强光干扰下自动驾驶物流车目标检测对比验证 3

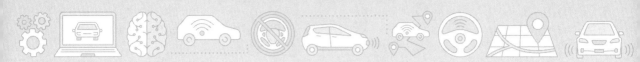

第10章

基于自动驾驶车辆的高抗扰性目标检测演示验证

10.1 自动驾驶车辆传感器布局

搭建的自动驾驶观光车平台和乘用车平台如图 10-1 所示,自动驾驶车辆平台主要搭载感知传感器、组合惯性导航等设备。其中激光雷达提供具有深度信息的点云数据,相机提供具有颜色信息的图像数据,惯性导航系统提供实时定位信息以及精确的时间信息,具体选型参数如表 10-1 和表 10-2 所示。

图 10-1 自动驾驶观光车平台和自动驾驶乘用车平台

表 10-1 自动驾驶车辆采用的视觉相机基本参数

Basler acA1920-48gc GigE 相机					
感光芯片	PYTHON 2000	快门	Global Shutter	芯片尺寸	2/3
感光芯片类型	CMOS	感光芯片尺寸	9.2mm×5.8mm	水平/垂直分辨率	1920px 1200px
分辨率	2.3MP	水平/垂直像素尺寸	4.8μm×4.8μm	帧率	50fps

表 10-2 自动驾驶车辆采用的激光雷达基本参数

RS-Ruby Lite			
线数	80	水平视场角	360°
激光波长	905nm	垂直视场角	40°
激光安全等级	Class 1 人眼安全	水平角分辨率	0.2°/0.4°
测距能力	230m(160m@%10 NIST)	垂直角分辨率	高达 0.1°
盲区	≤1m	帧率	10Hz/20Hz
转速	600/1200r/min(10/20Hz)		

为了实现自动驾驶车辆 360°多模态感知,车辆顶部设置了六个摄像头和四个激光雷达,使车辆拥有全天候全场景的感知能力。自动驾驶车辆的传感器布局示意图及实车布局图如图 10-2、图 10-3 所示。

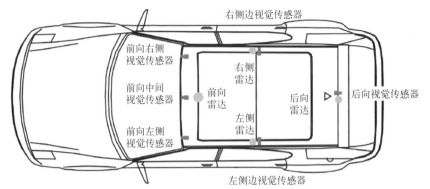

图 10-2　自动驾驶车辆的传感器布局示意图

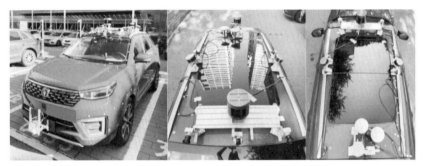

图 10-3　自动驾驶车辆的传感器实车布局图

10.2　自动驾驶车辆软件架构

自动驾驶系统主要包括数据源、数据分析、时空同步、融合感知、决策、规划、控制等模块，系统架构如图 10-4 所示。

自动驾驶车辆的软件系统的功能描述如下：

① 数据源模块通过轮速里程计、CAN 通信设备、激光雷达、毫米波雷达和相机等传感器采集车辆环境信息，包括激光点云、图像、车速、转向、刹车、油门等信息。

② 数据分析模块负责对获取的数据源信息进行压缩、筛选、质量评估等处理，保证将有效的、可靠的数据高效传输到后续模块。

③ 时空同步模块主要负责对输入的多源数据进行时间和空间变换。时间统一是将不同步时间下的测量数据变换到系统的基准时间下，包括采集帧率以及时间戳；空间统一是将各局部坐标系下的测量数据变换到系统的基准空间坐标系下，包括联合标定。

④ 融合感知模块主要包括数据级融合、特征级融合以及目标级融合，通过多模态的融合感知达到自动驾驶全天候全场景的稳定感知。

执行抽象模块主要依据融合感知的结果进行决策、规划、控制等操作，实现车辆的安全自动驾驶。

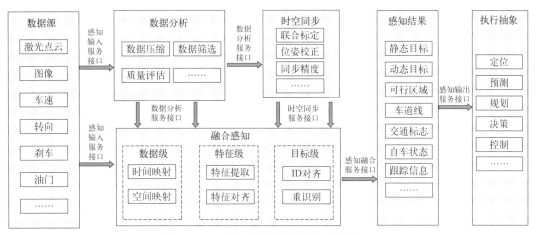

图 10-4 自动驾驶车辆的软件系统架构图

10.3 基于自动驾驶车辆演示验证

基于自动驾驶车辆演示的路线如图 10-5 所示。

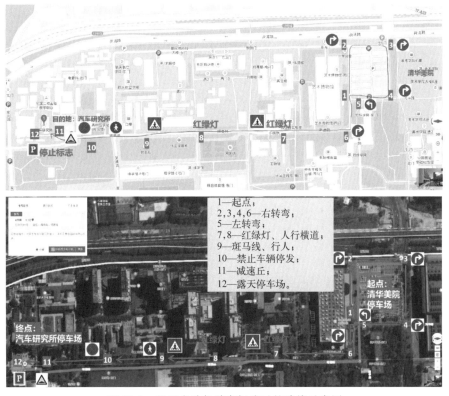

图 10-5 基于自动驾驶车辆演示的路线示意图

基于自动驾驶车辆的类脑目标检测演示验证过程如图 10-6 所示，分别在白天复杂道路场景、白天强光照场景以及夜间复杂道路场景下对类脑目标检测模型 v4 和 YOLOv5 进行效果对比验证。

图 10-6　自动驾驶车辆演示验证过程

（1）白天复杂道路场景下自动驾驶车辆目标检测效果对比验证

图 10-7 展示了在白天复杂道路场景下类脑目标检测模型 v4 和传统模型的目标检测效果对比。由图 10-7 可知，传统模型 YOLOv5 在检测的过程中存在较多漏检或误检的问题，本书研究的类脑目标检测模型 v4 在该噪声干扰下的鲁棒性优于传统模型 YOLOv5。

（2）白天强光照场景下自动驾驶车辆目标检测效果对比验证

图 10-8 展示了在白天强光照场景下类脑目标检测模型 v4 和传统模型的目标检测效果对比。由图 10-8 可知，YOLOv5 在检测的过程中存在较多漏检或误检的问题，本书研究的类脑目标检测模型 v4 在该噪声干扰下的鲁棒性优于 YOLOv5。

类脑目标检测模型v4版检测效果

传统模型YOLOv5检测效果

(a)

第 10 章 基于自动驾驶车辆的高抗扰性目标检测演示验证

类脑目标检测模型v4版检测效果　　　　　　　传统模型YOLOv5检测效果

(b)

类脑目标检测模型v4版检测效果　　　　　　　传统模型YOLOv5检测效果

(c)

类脑目标检测模型v4版检测效果　　　　　　　传统模型YOLOv5检测效果

(d)

类脑目标检测模型v4版检测效果　　　　　　　传统模型YOLOv5检测效果

(e)

图 10-7

类脑目标检测模型v4版检测效果　　　　　　传统模型YOLOv5检测效果

(f)

图 10-7　白天复杂道路场景下自动驾驶车辆目标检测效果对比验证

类脑目标检测模型v4版检测效果　　　　　　传统模型YOLOv5检测效果

(a)

类脑目标检测模型v4版检测效果　　　　　　传统模型YOLOv5检测效果

(b)

类脑目标检测模型v4版检测效果　　　　　　传统模型YOLOv5检测效果

(c)

第 10 章 基于自动驾驶车辆的高抗扰性目标检测演示验证

类脑目标检测模型v4版检测效果　　　　　　　传统模型YOLOv5检测效果

(d)

类脑目标检测模型v4版检测效果　　　　　　　传统模型YOLOv5检测效果

(e)

类脑目标检测模型v4版检测效果　　　　　　　传统模型YOLOv5检测效果

(f)

类脑目标检测模型v4版检测效果　　　　　　　传统模型YOLOv5检测效果

(g)

图 10-8

类脑目标检测模型v4版检测效果　　　　　　传统模型YOLOv5检测效果

(h)

类脑目标检测模型v4版检测效果　　　　　　传统模型YOLOv5检测效果

(i)

类脑目标检测模型v4版检测效果　　　　　　传统模型YOLOv5检测效果

(j)

图 10-8　白天强光照场景下自动驾驶车辆目标检测效果对比验证

（3）夜间复杂道路场景下自动驾驶车辆目标检测效果对比验证

图 10-9 展示了在夜间复杂道路场景下类脑目标检测模型 v4 和传统模型的目标检测效果对比。由图 10-9 可知，YOLOv5 模型在检测的过程中存在较多漏检或误检的问题，本书研究的类脑目标检测模型 v4 在该噪声干扰下的鲁棒性优于传统模型 YOLOv5。

图 10-9 夜间复杂道路场景下自动驾驶车辆目标检测效果对比验证

10.4　主要创新性工作

（1）基于轻量化仿视觉皮层网络的目标检测模型构建技术

根据大脑初级视觉皮层机制，设计了生物学约束的多层级、多通路、多尺度深度神经网络，通过模拟生物学约束的多层级、多通路、多尺度视觉信息处理机制，构建的仿初级视觉皮层目标检测网络模型具有更加贴近人类面对噪声干扰下目标的特征提取过程，提升了目标特征提取能力。

相比于传统方法，该方案模拟了类生物体的目标特征提取过程，解决了现有模型面临的目标特征提取困难、目标特征易丢失、特征提取效率低以及检测鲁棒性和准确性差的难题，极大提升了干扰环境下目标检测和跟踪的鲁棒性和准确性。

（2）基于视觉注意机制的性能提升关键技术

受大脑认知注意机制启发，通过基于坐标注意力模块的视觉注意力层来模拟大脑视觉注意力的显著视觉特征提取高效编码与处理过程，构建了融合视觉注意机制的仿初级视觉皮层目标检测网络模型，提升目标检测网络关注重要目标特征信息、抑制次要特征信息的能力，进而提升目标检测的鲁棒性。

相比于传统方案，该方案引入了视觉注意机制，提升了目标检测的实时性和准确性。

（3）基于神经元稀疏特性的模型压缩与剪枝关键技术

对模型进行预训练后，根据模型特点选择在线剪枝或离线剪枝方案，由于在线剪枝对模型训练中的损失函数要求较为苛刻，因此离线剪枝的通用性更高。通过对模型进行结构分析，建立模型层间与层内各个参数的耦合关系，根据模型特点，筛选需要剪枝的模块及层，并确定剪枝率。利用层间自解耦机制对耦合关系进行解耦，对指定的参数进行结构化剪枝，最后将剪枝后的模型进行微调训练提升剪枝后的模型性能。

相比于传统方案，该方法的剪枝效率更高，可以在保证目标检测模型准确性的前提下有效降低目标检测模型参数量。

参考文献

[1] LUO H, XIE W, WANG X, et al. Detect or track: Towards cost-effective video object detection/tracking [C] //Proceedings of the AAAI Conference on Artificial Intelligence. 2019, 33 (01): 8803-8810.

[2] HARIHARAN B, ARBELÁEZ P, GIRSHICK R, et al. Simultaneous detection and segmentation [C] //European conference on computer vision. Springer, Cham, 2014: 297-312.

[3] GUPTA S, ARBELÁEZ P, GIRSHICK R, et al. Indoor scene understanding with rgb-d images: Bottom-up segmentation, object detection and semantic segmentation [J]. International Journal of Computer Vision, 2015, 112 (2): 133-149.

[4] WU Q, SHEN C, WANG P, et al. Image captioning and visual question answering based on attributes and external knowledge [J]. IEEE transactions on pattern analysis and machine intelligence, 2017, 40 (6): 1367-1381.

[5] WU J, OSUNTOGUN A, CHOUDHURY T, et al. A scalable approach to activity recognition based on object use [C] //2007 IEEE 11th international conference on computer vision. IEEE, 2007: 1-8.

[6] VIOLA P, JONES M. Rapid object detection using a boosted cascade of simple features [C] //Proceedings of the 2001 IEEE computer society conference on computer vision and pattern recognition. CVPR 2001. IEEE, 2001, 1: I-I.

[7] FELZENSZWALB P, MCALLESTER D, RAMANAN D. A discriminatively trained, multiscale, deformable part model [C] //2008 IEEE conference on computer vision and pattern recognition. IEEE, 2008: 1-8.

[8] KRIZHEVSKY A, SUTSKEVER I, HINTON G E. Imagenet classification with deep convolutional neural networks [J]. Advances in neural information processing systems, 2012, 25: 1097-1105.

[9] PAPAGEORGIOU C P, OREN M, POGGIO T. A general framework for object detection [C] //Sixth International Conference on Computer Vision (IEEE Cat. No. 98CH36271). IEEE, 1998: 555-562.

[10] OJALA T, PIETIKAINEN M, MAENPAA T. Multiresolution gray-scale and rotation invariant texture classification with local binary patterns [J]. IEEE Transactions on pattern analysis and machine intelligence, 2002, 24 (7): 971-987.

[11] DALAL N, TRIGGS B. Histograms of oriented gradients for human detection [C] //2005 IEEE computer society conference on computer vision and pattern recognition (CVPR'05). IEEE, 2005, 1: 886-893.

[12] VIOLA P, JONES M. Rapid object detection using a boosted cascade of simple features [C] //Proceedings of the 2001 IEEE computer society conference on computer vision and pattern recognition. CVPR 2001. IEEE, 2001, 1: I-I.

[13] FELZENSZWALB P F, GIRSHICK R B, MCALLESTER D, et al. Object detection with discriminatively trained part-based models [J]. IEEE transactions on pattern analysis and machine intelligence, 2009, 32 (9): 1627-1645.

[14] FELZENSZWALB P F, GIRSHICK R B, MCALLESTER D. Cascade object detection with deformable part models [C] //2010 IEEE Computer society conference on computer vision and pattern recognition. IEEE, 2010: 2241-2248.

[15] GIRSHICK R, DONAHUE J, DARRELL T, et al. Rich feature hierarchies for accurate object detection and semantic segmentation [C] //Proceedings of the IEEE conference on computer vision and pattern recognition. 2014: 580-587.

[16] VAN DE SANDE K E A, UIJLINGS J R R, GEVERS T, et al. Segmentation as selective search for object recognition [C] //2011 international conference on computer vision. IEEE, 2011: 1879-1886.

[17] HE K, ZHANG X, REN S, et al. Spatial pyramid pooling in deep convolutional networks for visual recognition [J]. IEEE transactions on pattern analysis and machine intelligence, 2015, 37 (9): 1904-1916.

[18] GIRSHICK R. Fast r-cnn [C] //Proceedings of the IEEE international conference on computer vision. 2015: 1440-1448.

[19] REN S, HE K, GIRSHICK R, et al. Faster r-cnn: Towards real-time object detection with region proposal networks [J]. Advances in neural information processing systems, 2015, 28: 91-99.

[20] LIN T Y, DOLLÁR P, GIRSHICK R, et al. Feature pyramid networks for object detection [C] //Proceedings of the IEEE conference on computer vision and pattern recognition. 2017: 2117-2125.

[21] DAI J, LI Y, HE K, et al. R-fcn: Object detection via region-based fully convolutional networks [C] //Advances in neural information processing systems. 2016: 379-387.

[22] CAI Z, VASCONCELOS N. Cascade r-cnn: Delving into high quality object detection [C] //Proceedings of the IEEE conference on computer vision and pattern recognition. 2018: 6154-6162.

[23] REDMON J, DIVVALA S, GIRSHICK R, et al. You only look once: Unified, real-time object detection [C] //Proceedings of the IEEE conference on computer vision and pattern recognition. 2016: 779-788.

[24] LIU W, ANGUELOV D, ERHAN D, et al. Ssd: Single shot multibox detector [C] //European conference on computer vision. Springer, Cham, 2016: 21-37.

[25] REDMON J, FARHADI A. YOLO9000: better, faster, stronger [C] //2017 IEEE Conference on Computer Vision and Pattern Recognition, 2017: 6517-6525.

[26] SZEGEDY C, LIU W, JIA Y, et al. Going deeper with convolutions [C] //Proceedings of the IEEE conference on computer vision and pattern recognition. 2015: 1-9.

[27] REDMON J, FARHADI A. Yolov3: An incremental improvement [J]. arXiv preprint arXiv: 1804. 02767, 2018.

[28] BOCHKOVSKIY A, WANG C Y, LIAO H Y M. Yolov4: Optimal speed and accuracy of object detection [J]. arXiv preprint arXiv: 2004. 10934, 2020.

[29] WANG C Y, LIAO H Y M, WU Y H, et al. CSPNet: A new backbone that canenhance learning capability of CNN [C] //Proceedings of the IEEE/CVF conference on computer vision and pattern recognition workshops. 2020: 390-391.

[30] MISRA D. Mish: A self regularized non-monotonic neural activation function [J]. arXiv preprint arXiv: 1908. 08681, 2019, 4: 2.

[31] GHIASI G, LIN T Y, LE Q V. Dropblock: A regularization method for convolutional networks [J]. arXiv preprint arXiv: 1810. 12890, 2018.

[32] WANG K, LIEW J H, ZOU Y, et al. Panet: Few-shot image semantic segmentation with prototype alignment [C] //Proceedings of the IEEE/CVF International Conference on Computer Vision. 2019: 9197-9206.

[33] LAW H, DENG J. Cornernet: Detecting objects as paired keypoints [C] //Proceedings of the European conference on computer vision (ECCV). 2018: 734-750.

[34] ZHOU X, WANG D, KRÄHENBÜHL P. Objects as points [J]. arXiv preprint arXiv: 1904. 07850, 2019.

[35] TIAN Z, SHEN C, CHEN H, et al. Fcos: Fully convolutional one-stage object detection [C] //Proceedings of the IEEE/CVF international conference on computer vision. 2019: 9627-9636.

[36] LIN T Y, GOYAL P, GIRSHICK R, et al. Focal loss for dense object detection [C] //Proceedings of the IEEE international conference on computer vision. 2017: 2980-2988.

[37] AKHTAR N, MIAN A, KARDAN N, et al. Threat of adversarial attacks on deep learning in computer vision: survey II [J]. IEEE Access, 2021, 6: 14410-14430.

[38] EVTIMOV I, EYKHOLT K, FERNANDES E, et al. Robust physical-world attacks on Machine learning models [J]. Cryptography and Security, 2017.

[39] LIN Y, ZHAO H, MA X, et al. Adversarial attacks in modulation recognition with convolutional neural networks [J]. IEEE Transactions on Reliability, 2021, 70 (1): 389-401.

[40] REN K, ZHENG T, QIN Z, et al. Adversarial attacks and defenses in deep learning [J]. Engineering, 2020, 6 (3): 346-360.

[41] THYS S, VAN RANST W, GOEDEMÉ T. Fooling automated surveillance cameras: Adversarial patches to attack person detection. arXiv April 18, 2019.

[42] RIESENHUBER M, POGGIO T. Hierarchical models of object recognition in cortex [J]. Nature neuroscience, 1999, 2 (11): 1019-1025.

[43] SERRE T, WOLF L, POGGIO T. Object recognition with features inspired by visual cortex [C] // IEEE. 2005 IEEE Computer Society Conference on Computer Vision and Pattern Recognition (CVPR'05), 2005: 994-1000.

[44] MUTCH J, LOWE D G. Multiclass object recognition with sparse, localized features [C] // IEEE. 2006 IEEE Computer Society Conference on Computer Vision and Pattern Recognition (CVPR'06), 2006: 11-18.

[45] SEIFZADEH S, REZAEI M, FARAHBAKHSH O. A computational visual neuroscience model for object recognition [J]. Journal of Advanced Medical Sciences and Applied Technologies, 2016, 2 (4): 313-320.

[46] SUFIKARIMI H, MOHAMMADI K. Role of the secondary visual cortex in HMAX model for object recognition [J]. Cognitive Systems Research, 2020, 64: 15-28.

[47] WALLIS G, ROLLS E T. Invariant face and object recognition in the visual system [J]. Progress in Neurobiology, 1997, 51 (2): 167-194.

[48] ROLLS E T, MILWARD T. A model of invariant object recognition in the visual system: learning rules, activation functions, lateral inhibition, and information-based performance measures [J]. Neural computation, 2000, 12 (11): 2547-2572.

[49] HOCHSTEIN S, AHISSAR M. View from the top: Hierarchies and reverse hierarchies in the visual system [J]. Neuron, 2002, 36 (5): 791-804.

[50] DURA-BERNAL S, WENNEKERS T, DENHAM S L. The role of feedback in a hierarchical model of object perception [M] //From Brains to Systems. Springer, 2011: 165-179.

[51] KIM S, KWON S, KWEON I S. A perceptual visual feature extraction method achieved by imitating V1 and V4 of the human visual system [J]. Cognitive Computation, 2013, 5 (4): 610-628.

[52] TSCHECHNE S, NEUMANN H. Hierarchical representation of shapes in visual cortex—from localized features to figural shape segregation [J]. Frontiers in computational neuroscience, 2014, 8: 93.

[53] GONZÁLEZ-CASILLAS A, PARRA L, MARTIN L, et al. Towards a model of visual recognition based on neurosciences [J]. Procedia Computer Science, 2018, 145: 214-231.

[54] DAPELLO J, MARQUES T, SCHRIMPF M, et al. Simulating a primary visual cortex at the front of CNNs improves robustness to image perturbations [J]. bioRxiv, 2020.

[55] EVANS B D, MALHOTRA G, BOWERS J S. Biological convolutions improve DNN robustness to noise and generalisation [J]. bioRxiv, 2021.

[56] SAFARANI S, NIX A, WILLEKE K, et al. Towards robust vision by multi-task learning on monkey visual cortex [J]. arXiv preprint arXiv, 2021.

[57] SEBASTIAN M, LAVDIM H, ACHIM R. Context-Driven Visual Object Recognition Based on Knowledge Graphs [C] // 21st International Semantic Web Conference (ICWC), 2022: 142-160.

[58] JIANGHONG S, BRYAN T, ERIC SHEA-B. MouseNet: A biologically constrained convolutional neural network model for the mouse visual cortex [J]. Plos Computational Biology, 2022, 18 (9).

[59] GHISLAIN ST-YVES, EMILY J. A, YIHAN W. Brain-optimized neural networks learn non-hierarchical models of representation in human visual cortex [J]. bioRXiv preprint bioRXiv, 2022.

[60] 宋皓, 徐小红. 基于生物视觉通路的目标识别算法 [J]. 合肥工业大学学报（自然科学版）, 2012, 35 (04): 481-484.

[61] 王悦凯. 仿大脑视觉皮层的自主发育网络模型研究 [D]. 上海: 复旦大学, 2013.

[62] 张林. 生物启发式图像分类算法研究 [D]. 杭州：浙江大学，2015.
[63] 张盛博. 生物视觉启发的形状特征层次模型及其在目标识别中的应用 [D]. 上海：上海交通大学，2016.
[64] WANG Y，DENG L. Modeling object recognition in visual cortex using multiple firing k-means and non-negative sparse coding [J]. Signal Processing，2016，124：198-209.
[65] 李冰. 灵长类视觉目标识别的神经机制研究进展 [J]. 中国药理学与毒理学杂志，2017，31（11）：1057-1062.
[66] 张盼盼，罗海波，鞠默然，等. 一种改进的 Capsule 及其在 SAR 图像目标识别中的应用 [J]. 红外与激光工程，2020，49（05）：203-210.
[67] 申天啸，韩怡园，韩冰. 基于人类视觉皮层双通道模型的驾驶员眼动行为识别 [J]. 智能系统学报，2022，17（01）：41-49.
[68] GUO M H，XU T X，LIU J J，et al. Attention Mechanisms in Computer Vision：A Survey [J]. arXiv preprint arXiv，2021.
[69] 王文冠，沈建冰，贾云得. 视觉注意力检测综述 [J]. 软件学报，2019，30（02）：416.
[70] 任欢，王旭光. 注意力机制综述 [J]. 计算机应用，2021，41（1）：1-6.
[71] 翟鹏博，杨浩，宋婷婷，等. 结合注意力机制的双路径语义分割 [J]. 中国图像图形学报，2020，25（08）：1627-1636.
[72] MNIH V，HEESS N，GRAVES A. Recurrent models of visual attention [C] //Advances in neural information processing systems，2014：2204-2212.
[73] HU J，SHEN L，SUN G. Squeeze-and-excitation networks [C] //Proceedings of 2018 IEEE/CVF Conference on Computer Vision and Pattern Recognition（CVPR），2018：7132-7141.
[74] WANG X，GIRSHICK R，GUPTA A，et al. Non-Local neural networks [C] //Proceedings of the IEEE Conference on Computer Vision and Pattern Recognition（CVPR），2018：7794-7803.
[75] GUO M H，CAI J X，LIU Z N，et al. Pct：Point cloud transformer [J]. Computational Visual Media，2021，7（2）：187-199.
[76] JADERBERG M，SIMONYAN K，ZISSERMAN A. Spatial transformer networks [J]. Advances in neural information processing systems，2015，28：2017-2025.
[77] LI X，WANG W，HU X，et al. Selective kernel networks [C] //Proceedings of the IEEE/CVF Conference on Computer Vision and Pattern Recognition. 2019：510-519.
[78] ZHANG H，DANA K，SHI J，et al. Context encoding for semantic segmentation [C] //Proceedings of the IEEE conference on Computer Vision and Pattern Recognition，2018：7151-7160.
[79] WANG Q，WU B，ZHU P，et al. ECA-Net：efficient channel attention for deep convolutional neural networks [C] //IEEE/CVF Conference on Computer Vision and Pattern Recognition（CVPR），2020：11531.
[80] GAO Z，XIE J，WANG Q，et al. Global second-order pooling convolutional networks [C] //Proceedings of the IEEE/CVF Conference on Computer Vision and Pattern Recognition. 2019：3024-3033.
[81] YANG Z，ZHU L，WU Y，et al. Gated channel transformation for visual recognition [C] //Proceedings of the IEEE/CVF Conference on Computer Vision and Pattern Recognition. 2020：11794-11803.
[82] QIN Z，ZHANG P，WU F，et al. Fcanet：Frequency channel attention networks [C] //Proceedings of the IEEE/CVF International Conference on Computer Vision. 2021：783-792.
[83] VASWANI A，SHAZEER N，PARMAR N，et al. Attention is all you need [C] //Advances in neural information processing systems. 2017：5998-6008.
[84] CAO Y，XU J，LIN S，et al. Gcnet：Non-local networks meet squeeze-excitation networks and beyond [C] //Proceedings of the IEEE/CVF International Conference on Computer Vision Workshops. 2019：0-0.
[85] HUANG Z，WANG X，HUANG L，et al. CCNet：Criss Cross Attention for Semantic Segmentation [C] //Proceedings of the IEEE/CVF International Conference on Computer Vision. Seoul：IEEE，2019：603-612.

[86] YUAN Y, CHEN X, WANG J. Object-contextual representations for semantic segmentation [C] // Computer Vision-ECCV 2020: 16th European Conference, Glasgow, UK, August 23-28, 2020, Proceedings, Part VI 16. Springer International Publishing, 2020: 173-190.

[87] HU J, SHEN L, ALBANIE S, et al. Gather-excite: Exploiting feature context in convolutional neural networks [J]. arXiv preprint arXiv, 2018.

[88] ZHAO H, ZHANG Y, LIU S, et al. Psanet: Point-wise spatial attention network for scene parsing [C] // Proceedings of the European Conference on Computer Vision (ECCV). 2018: 267-283.

[89] CHEN Y, KALANTIDIS Y, LI J, et al. A2-Nets: Double Attention Networks [J]. arXiv preprint arXiv, 2018.

[90] HOU Q, ZHANG L, CHENG M M, et al. Strip pooling: Rethinking spatial pooling for scene parsing [C] // Proceedings of the IEEE/CVF Conference on Computer Vision and Pattern Recognition. 2020: 4003-4012.

[91] WANG F, JIANG M, QIAN C, et al. Residual attention network for image classification [C] // Proceedings of the IEEE conference on computer vision and pattern recognition. 2017: 3156-3164.

[92] WOO S, PARK J, LEE J-Y, et al. Cbam: Convolutional block attention module [C] // Proceedings of the European conference on computer vision (ECCV). 2018: 3-19.

[93] PARK J, WOO S, LEE J-Y, et al. Bam: Bottleneck attention module [J]. arXiv preprint arXiv, 2018.

[94] ROY A G, NAVAB N, WACHINGER C. Recalibrating fully convolutional networks with spatial and channel "squeeze and excitation" blocks [J]. IEEE Transactions on Medical Imaging, 2018, 38 (2): 540-549.

[95] MISRA D, NALAMADA T, ARASANIPALAI A U, et al. Rotate to attend: Convolutional triplet attention module [C] //. Proceedings of the IEEE/CVF Winter Conference on Applications of Computer Vision. 2021: 3139-3148.

[96] YANG L, ZHANG R-Y, LI L, et al. Simam: A simple, parameter-free attention module for convolutional neural networks [C] // PMLR. International conference on machine learning. 2021: 11863-11874.

[97] HOU Q, ZHOU D, FENG J. Coordinate attention for efficient mobile network design [C] //. Proceedings of the IEEE/CVF Conference on Computer Vision and Pattern Recognition. 2021: 13713-13722.

[98] LINSLEY D, SHIEBLER D, EBERHARDT S, et al. Learning what and where to attend [J]. arXiv preprint arXiv, 2018.

[99] HAN S, POOL J, TRAN J, et al. Learning both weights and connections for efficient neural network [J]. Advances in neural information processing systems, 2015, 28.

[100] LIU Z, LI J, SHEN Z, et al. Learning efficient convolutional networks through network slimming [C] // Proceedings of the IEEE international conference on computer vision. 2017: 2736-2744.

[101] IOFFE S, SZEGEDY C. Batch normalization: Accelerating deep network training by reducing internal covariate shift [C] // PMLR. International conference on machine learning. 2015: 448-456.

[102] HE Y, KANG G, DONG X, et al. Soft filter pruning for accelerating deep convolutional neural networks [J]. arXiv preprint arXiv, 2018.

[103] HE Y, LIU P, WANG Z, et al. Filter pruning via geometric median for deep convolutional neural networks acceleration [C] // Proceedings of the IEEE/CVF Conference on Computer Vision and Pattern Recognition. 2019: 4340-4349.

[104] LIN M, JI R, WANG Y, et al. Hrank: Filter pruning using high-rank feature map [C] // Proceedings of the IEEE/CVF conference on computer vision and pattern recognition, 2020: 1529-1538.

[105] SHUANG S, TONGHAI L, HAI W, et al. Using pruning-based YOLOv3 deep learning algorithm for accurate detection of sheep face [J]. Animals, 2022, 12 (11), 1465.

[106] ZHI Y, YUAN Z, YI X, et al. Data-Aware adaptive pruning model compression algorithm based on a

group attention mechanism and reinforcement learning [J]. IEEE Access, 2022, 10, 82396-82406.

[107] SURAJ S, ANDREY K, MARKUS N. et al. Proceedings of the IEEE/CVF conference on computer vision and pattern recognition (CVPR) workshops [C]. 2022: 2762-2771.

[108] XUETAO Z, KUANGANG F, HAONAN H. et al. Real-Time detection of drones using channel and layer pruning, based on the YOLOv3-SPP3 deep learning algorithm [J]. Micromachines. 2022, 13 (12), 2199.

[109] JAVIER P, DANIEL M, ARITZ D. M. et al. EvoPruneDeepTL: An evolutionary pruning model for transfer learning based deep neural networks [J]. Neural Networks, 2023, 158: 59-82.

[110] BASSHAM C B. Automatic target recognition classification system evaluation methodology [M]. Air Force Institute of Technology, 2002.

[111] DAVIS J, GOADRICH M. The relationship between Precision-Recall and ROC curves [C] //Proceedings of the 23rd international conference on Machine learning. 2006: 233-240.

[112] HANLEY J A, MCNEIL B J. The meaning and use of the area under a receiver operating characteristic (ROC) curve [J]. Radiology, 1982, 143 (1): 29-36.

[113] PARKER D R. Uncertainty estimation for target detection system discrimination and confidence performance metrics [M]. Air Force Institute of Technology, 2006.

[114] REN S, HE K, GIRSHICK R, et al. Faster R-CNN: Towards real-time object detection with region proposal networks [J]. IEEE Trans Pattern Anal Mach Intell, 2017, 39 (6): 1137-1149.

[115] LIU W, ANGUELOV D, ERHAN D, et al. Ssd: Single shot multibox detector [C] // Springer. European conference on computer vision. 2016: 21-37.

[116] ZHU Z, LIANG D, ZHANG S, et al. Traffic-sign detection and classification in the wild [C]. 2016 IEEE Conference on Computer Vision and Pattern Recognition (CVPR). Las Vegas, 2016: 2110-2118.

[117] CAESAR, HOLGER. nuScenes: A multimodal dataset for autonomous driving [C]. 2020 IEEE/CVF Conference on Computer Vision and Pattern Recognition (CVPR). (2019): 11618-11628.

[118] BEHRENDT K. Boxy vehicle detection in large images [C]. 2019 IEEE/CVF International Conference on Computer Vision Workshop (ICCVW). Seoul, 2019: 840-846.

[119] HAN, JIANHUA. SODA10M: A large-scale 2D self/semi-supervised object detection dataset for autonomous driving. NeurIPS Datasets and Benchmarks, 2021.